矯正職員のための

リフレクティング・プロセス

Reflecting Processes for Correctional Officers

矢原隆行

公益財団法人 矯正協会

はじめに

　この本は、リフレクティング・プロセスについて矯正領域にかかわる皆さんに知っていただき、実際に各々の現場で取り組んでいただくための手引書です。

　タイトルに「矯正職員のための」とあるとおり、本書がおもな読者として想定しているのは、刑務所や少年院といった矯正の現場で働いている矯正職員の方々です。ただ、筆者としては、矯正の現場と日々、連携・協働している保護観察官や保護司の方々、また、更生保護施設や地域生活定着支援センターで働いている方々、さらに、多様なボランティア組織や自助グループ、学校、職場、施設、家庭など、**広い意味で立ち直りや更生、あるいは、人々がともに生きていくことにかかわる現場**（それは私たちが生きる地域や社会全体と同じくらいの広がりを持つものでしょう）**に身を置かれているたくさん方々**にも、ぜひ本書を手に取って、一緒に取り組んでいただければと考えています。

　矯正を取り巻く皆さんの立場はさまざまでしょうが、それぞれの現場はもちろん、異なる立場の人々がともに協働することが求められる場面においても、リフレクティング・プロセスはきっと役立てることができるでしょう。そして、そうした協働の場で話し合うための具体的な方法として、リフレクティングという新たな会話がひとつの共通言語、あるいは、基本作法になっていくなら、それぞれの組織内でのコミュニケーション上の課題、多職種間や多機関間で生じる連携上の不安やしんどさは、今よりもずっと軽くなっていくでしょうし、そこには今まで見えなかった大きな可能性が開かれていくことでしょう。

それにしても、そもそもリフレクティングとは何でしょうか。そして、それは矯正や立ち直りの現場と、どのように関係しているのでしょうか。もちろん、詳しくは本書の内容を読んでいただくとして、ここでひとまず述べるなら、**リフレクティングとは、人間と人間がかかわる場において、お互いを尊重しながら、風通しの良いコミュニケーションを生み出すための工夫に満ちた会話の方法**、と言うことができます。このような会話の方法は、最初に北欧ノルウェーのセラピーの現場で生まれましたが、いまや世界各地の幅広い領域（医療、福祉、教育、組織開発、研究や紛争解決など）で多くの人々によって実践されています。

1980年代半ば、北極圏の町で精神科医として働いていたトム・アンデルセン（1936-2007）が仲間たちとともに生み出したこの方法は、たしかに画期的で新しいコミュニケーションのあり方なのですが、**なにか特別な装置や道具を用いるものではありませんし、実践するのに必ずしも高度な訓練や難しい技術を必要とするものでもありません**。あなたが始めようと思えば、今日からでも、すぐに周りの誰かと始めることができるものなのです。もちろん、最初は多少ぎこちないものになるかもしれませんが、本書で紹介している最低限の作法さえ守っておこなえば、大きな危険性はありません。

アンデルセンはその主著のなかでリフレクティングについて、「実行できるくらい単純な、有用と思えるくらい創造的な、どこでも行えるほど小さな、しかも我々の関心を失わせないだけの予期せぬ驚きに満ちた何ものか」と表現しています。実際、それは世界各地のさまざまな領域でそれぞれに工夫を重ねながら活用され、現在も広がり続けています（本書でも紹介するように、日本の精神医療や福祉、教育、地域づくりや組織開発などに加えて、矯正領域でも着実に広がりつつあります）。

筆者はこれまで、北欧各地の現場に幾度も足を運びながら、おもに医療や福祉、組織開発などの領域におけるリフレクティングの多様な展開に触れ、現在の日本の状況に即した実践可能性を探究してきました。驚いたことに、そうした旅で訪れた**北欧のいくつかの刑務所では、すでに長年、リフレクティング・プロセスが実践され、入所者にも、職員にも、入所者家族や関係機関の人々にも、肯定的な評価を受けて浸透していました。**刑務所という環境で育まれている安心感に満ちたその会話の場の雰囲気は、筆者にとっても、実に印象深いものでした。以来、日本の矯正や立ち直りの現場にも、このリフレクティングの可能性を紹介することができればと考え、各地の現場に足を運ぶようになって現在にいたります。

　おかげさまで、**日本国内でも、すでにいくつかの刑務所や少年院では、本格的にリフレクティング・プロセスが実践され、さまざまな展開が始まっています。**筆者自身、現在、継続的に国内のいくつかの矯正施設に伺いながら、施設の入所者や職員の方々と試行錯誤しつつ、会話の場を重ねています。そうした施設や各地の矯正研修所などで職員の皆さんや入所者の方々、さらに入所者の御家族や関係機関の方々とお話しさせていただくことを通して、徐々にこの本の内容は育まれていきました。

　幸いなことに、文章だけではなかなか伝わりにくい実践場面のイメージについては、一緒にリフレクティングの共同研究に取り組んでいる福岡少年院の職員の方々が協力してくださり、具体的なリフレクティング・トークのバリエーションを実演・紹介する動画の DVD を本書に付けることができました。また、この動画の編集には、武蔵野美術大学講師の大田晃さんが協力してくださいました。さらに、挿し絵には、矯正職員である畑中真弥さんに心和ませる猫たちのイラストを提供していた

だきました。

　本書をともに編み上げてくださったすべての方々に、心より感謝申し上げます。

　こうして出来上がった本書が、現場の皆さんのリフレクティング実践へのハードルを少しでも下げることにつながり、「一度うちでもやってみよう！」というきっかけになることを願うばかりです。何事も、最初の一歩には少しの勇気が必要でしょうけれど、本書がその一歩の支えとなるなら、これ以上のことはありません。

2024年7月　矢原隆行

目　次

はじめに　i

第1章　矯正の現場とリフレクティング …………………… 1

1-1　日本の矯正施設を取り巻く社会の変化　2

1-2　日本の矯正施設におけるリフレクティングの可能性　4

第2章　リフレクティングの成り立ち ………………………… 9

2-1　リフレクティングの誕生の物語　10

2-2　北欧の矯正施設におけるリフレクティングの物語　18

第3章　リフレクティングの基本となる考え方 ……………… 25

3-1　リフレクティングの二つの側面　26

3-2　リフレクティングを構成する二種の会話　28

3-3　なぜリフレクティングは有効なのか　35

第4章　リフレクティング・トークを始める前と後の準備 …… 41

4-1　会話の前の会話　42

4-2　会話のための環境づくり　46

4-3　リフレクティングにおける会話の作法　49

4-4　会話の後の会話　56

目次

第5章　リフレクティング・トークの進め方 ······· 63

5-1　基本となる会話の構造　64

5-2　基本となる会話の流れ　68

第6章　入所者とのさまざまなリフレクティング・ミーティング ··· 77

6-1　入所者を話し手とする基本型となる会話　80

6-2　支援者の心配事から始まる会話　94

6-3　入所者家族を交えた家族関係を育む会話　105

6-4　多様な関係者や関係機関を交えた会話　118

第7章　矯正施設における心理的安全性 ······· 137

7-1　心理的安全性とは　139

7-2　矯正職員の心理的安全性のためのリフレクティング　143

第8章　職員間でのさまざまなリフレクティング・ミーティング ··· 151

8-1　若手職員のフォローアップの会話　153

8-2　職員の提案に応じて臨機応変に開かれる会話　166

リフレクティング実践をめぐる Q & A　181

おわりに　197

参考図書　201

索引　203

第 1 章

矯正の現場と
リフレクティング

第1章　矯正の現場とリフレクティング

1-1　日本の矯正施設を取り巻く社会の変化

　私たちが暮らすこの国において、矯正や立ち直りの現場を取り巻く状況が大きく変化しつつあることは、皆さんそれぞれの立場から、それぞれの思いで実感されていることでしょう。今世紀が始まって間もないころに明らかとなった「名古屋刑務所事件」と呼ばれる一連の受刑者暴行死傷事件を契機に、2003年、法務大臣の指示のもと「行刑改革会議」が発足、その提言を踏まえて、**明治時代から続いた監獄法がおよそ一世紀ぶりに全面改正**されたことは、まだ記憶に新しい出来事です。

　この会議によってまとめられた提言では、総論として、「行刑改革においては、受刑者処遇の改革が最も重要な課題」と明言されたうえで、「真の意味で、罪を犯した者を改善更生させ、円滑な社会復帰を果たさせるためには、それぞれの受刑者が、単に刑務所に戻りたくないという思いから罪を犯すことを思いとどまるのではなく、人間としての誇りや自信を取り戻し、自発的、自律的に改善更生及び社会復帰の意欲を持つことが大切であり、受刑者の処遇も、この誇りや自信、意欲を導き出すことを十分に意識したものでなければならない」と述べられており、さらに**「受刑者が人間としての誇りと自信を取り戻し、真の意味での改善更生と社会復帰を遂げるための処遇を施すことは、職員に対しても、自らの職務に本来の使命感と充実感を与えることになるものと確信する」**と、職員の使命感や充実感にまで言及されています。

　この提言以降、先に触れた監獄法の全面改正に続き、2006年度からは法務省と厚生労働省との連携により「刑務所出所者等総合的就労支援対策」が、2009年度からは高齢または障害により支援を必要とする矯正施設退所者に対する「地域生活定着促進事業」が実施され、2016年には、犯罪をした者等の円滑な社会復帰を促進することを目的とした「再犯の防止等の推進に関する法律」が成立、さらに、2022年には刑法

2

等の一部を改正する法律が成立し、本人の改善更生の必要に応じた処遇を可能とする拘禁刑の導入が計画されています。こうした動きを俯瞰するなら、矯正の現場が今まさに大きな変化の流れのなかにあることは間違いありません。そして、その潮流のなかで、**我が国の矯正施設が目指す針路は、「懲らしめの場」から「更生・社会復帰の場」へと大きく舵が切られた**と言って良いでしょう。

　一方、そうした動きのなかにあって、2022 年、再び名古屋刑務所で職員による暴行・不適正処遇事案が発覚したことは、見逃すことができません。このことは、上に述べたような変化が決して一直線に進むようなものではない、という矯正施設をめぐる現実の困難さを示すものと言えます。この問題に関する調査・検討をおこなった第三者委員会の提言では、そうした事態が生じた原因として、施設の組織風土（人権意識の希薄さ、規律秩序を過度に重視し、自由に意見を言いにくい職場環境）、適切な処遇方法の検討・共有不足、勤務体制や各種の仕組みの不備・機能不全など、多くの事柄が指摘されています。そして、現実を直視するなら、おそらくそれらは、程度の差はあれ、どの施設にも見出されうることかもしれません。

　無論、全国の矯正の現場で働く多くの皆さんが、緊張感のある職場で、日々真摯な姿勢で仕事に取り組んでおられるということは、筆者自身、これまでに接してきた各地の職員の方々の姿を思い浮かべるとき、あらためて強調しておかないわけにはいきません。同時に、矯正の現場で働く皆さんが、さまざまな関係者とともに、更生のプロフェッショナル（それは、人とかかわり、人を支える対人支援の最前線を担う仕事でしょう）として入所者とかかわっていくことを、これまで以上に社会から期待されるなかで、どんなことを一緒に取り組んでいけるだろうか、とも考えています。

第1章　矯正の現場とリフレクティング

1-2　日本の矯正施設における
##　　　リフレクティングの可能性

　前節で述べたことを踏まえつつ、日本の矯正施設におけるリフレクティングの可能性を考えてみるなら、はたして、それはどんなふうに役立つことができるでしょうか。ひとまず、大きく分けて二つのことが考えられます。**一つは、施設入所者の改善更生や社会復帰に向けた「処遇（treatment）」と呼ばれる場面で、各種のリフレクティング・トークを用いていくこと**です（ちなみに、英語の"treatment"は、病気やけがの「治療」や「手当て」、さらに一般的には、「もてなす」ことを意味しています）。本書で詳しく紹介していくとおり、リフレクティング・トークは、その固有の会話の構造や作法を踏まえることで、話し手の自律性を尊重しつつ、同時に、個々の職員の負担を軽減しながら、従来の一対一の面談では難しかった熟考と気づきのためのスペース（間）を創出してくれるユニークな会話です。そのため、実践的な処遇技法の一つと捉えても、その有効性はたしかに高いでしょう。

　少年院においては、第5種少年院における処遇のために矯正局・保護局で共同開発された保護観察復帰プログラム「RISE」の実施に際して、「動機づけ面接」の理論とともに、リフレクティングを取り入れた各種のミーティング方法がすでに紹介・推奨されています。また、刑務所においても、若年受刑者ユニットにおける矯正処遇の一環として、美称社会復帰促進センターでは、センター生とのリフレクティング・トークがすでに進められています。さらに、2023年9月には、「受刑者の各種指導に関する訓令」の一部が改正され、一般改善指導において「対話実践」をおこなう方針も明示されました。並行して示された全国の刑事施設への具体的な指示の中には、「オープンダイアローグの手法や考え方を取り入れる」とも述べられており、**オープンダイアローグにおける**

1-2 日本の矯正施設におけるリフレクティングの可能性

ミーティングの中核的方法として知られるリフレクティングには、ますます注目が集まっています（次章で詳しく紹介しますが、正確にはリフレクティングはたんにオープンダイアローグのなかで用いられるばかりでなく、独自の歴史を持ち、世界中のさまざまなコミュニケーション場面で幅広く活用されています）。

　こうしたさまざまな動きをながめるとき、矯正の現場において、コミュニケーションや処遇のあり方を見直す大きな流れが、いま着実に進展しつつあって、そこではリフレクティングの可能性が大いに期待されているのだと言えるでしょう。ただし、ここで念のために付け加えておくなら、リフレクティング・トークは、決して特定の対象やプログラムだけに限定される必要があるもの、さらに言えば、特定の場面でのみ用いられる特殊な技法と見なされるべきものではありません。本書において詳しく紹介するように、それは、話し手が会話の機会を希望するなら、どこであれ、誰に対してであれ、すぐに実施可能な、柔軟で可能性に満ちた会話なのです。

　日本の矯正施設における**リフレクティングのもう一つの可能性**は、前節で触れた刑務所職員による暴行・不適正処遇事案に係る第三者委員会からの提言書でも言及されている矯正施設の「組織風土」にかかわるものです。入所者に目を向けるばかりでなく、矯正施設の職員どうし（上司と部下、多職種との連携も含みます）、組織全体が風通し良く話すことができ、安心して働くことのできる関係であることは、つい見過ごされがちですが、とても大切なことです。そもそも、職員間の信頼関係や安心感がその基盤にあってこそ、入所者を交えた風通しの良い会話も可能となるのです。そして、そうした**組織風土を育むためには、自分たちの職場のリフレクティング・プロセスに取り組むことが不可欠**です。

　ここで、「リフレクティング・トーク」と「リフレクティング・プロセス」というリフレクティングに関する二つの言葉が登場しました。この二つは、リフレクティングの大切な両輪と言えます。詳しくは、以下

5

の本書を読んでいただくとして、ひとまず、**リフレクティング・プロセスとは、そこで会話がおこなわれる場のあり方自体を、参加者全員にとって、風通し良く、居心地の良いものにしていくプロセス**、と捉えておいていただければと思います。

　実際、そこで働く職員にとって、矯正施設が安心して自分の意見を発言できず、お互いの話を聞き合えないような職場、何か困ったときにも気軽に誰かに相談できず、周囲に助けを求めづらい息苦しい組織であるとしたら、そんな環境で入所者の生き生きとした更生（それは、周囲の人々とのつながりの中で人間として新たによみがえることを意味しています）や立ち直りに取り組むというのは、あまりに無理のある話でしょう。たとえば、空気が悪く、ばい菌やウイルスが蔓延する不潔な病院で、病気やけがの適切な治療を期待できないことは、誰にでも容易に予想できるはずです。それと同じように、**人が生き生きと更生できる場は、それ自体（そこには、その場を構成する個々の職員の状況、職員間の関係、および、運営や組織のあり方の全体が含まれます）が風通し良く、気持ちの良いものであってこそ、はじめて更生にふさわしく、有効なものになる**ということです。

　矯正施設自体をそのように人々の更生にふさわしい、風通しの良い、生き生きとしたコミュニケーションの生まれる場所にしていくためには、同僚どうし、上司と部下、また、外部のさまざまな関係者などと率直に会話を交わすことのできる機会や仕組みをつくっていかねばなりません。そして、リフレクティング・プロセスには、そのための具体的な工夫やヒントが多く含まれています。もちろん、そんな取り組みを一人で始めることは大変ですし、経験も知識も考え方も異なる職員全員がいっぺんに足並みをそろえて始めるというのも、おそらく現実的ではないでしょう（上からの命令で、無理やり形だけを押しつけてそんなことをやろうとすれば、それこそ「言いたいことが言えない」「風通しの悪い」状況を新たに生み出すことになってしまうでしょう）。大切なことは、オープンに、丁寧

に話し合いながら、それぞれの現場の状況に合わせて無理なく可能な、しかし、きちんと意義ややりがいの感じられる取り組みを協力して一緒に進めていくことなのです。

そのため、リフレクティング・プロセスの実質的な取り組みは、まずは、皆で一緒に話し合いながら取り組める小さなグループを施設のなかに作ることからスタートするのが良いでしょう。それは、はじめは自然発生的な自主勉強会のような形でも良いのですが、徐々に組織における位置付けや役割、権限が明確にされていくならば、さらに効果的に機能することができます。各施設のリーダーの方々には、そうしたチームの形成を呼びかけ、（命令や指導ではなく）承認し、応援し、支援していただくことがとても大切です。実際、筆者がかかわる矯正施設では、リフレクティングにかかわるコア・メンバーやプロジェクト・チーム、ワーキンググループを正式に組織し、その役割を明確化していくことで、また同時に、施設のリーダーたちがその活動をしっかり承認し、サポートすることで、施設におけるリフレクティング・プロジェクトを安心して持続的に取り組める体制を生み出すことに取り組んでいます。

第1章から、つい先走って、少し話を進めすぎてしまったかもしれません。なにはともあれ、自分の職場ではどんな会話の場を実現していくことができそうか、そこで自分自身や自分の施設はどんなふうに変化していけると良いか、本書を地図に新たな冒険に歩み出すような気持ちで、ぜひイメージを膨らませていただければと思います。

第 2 章

リフレクティングの
成り立ち

第 2 章　リフレクティングの成り立ち

2-1　リフレクティングの誕生の物語

「はじめに」で、リフレクティングが北欧のセラピーの現場で生まれたと述べました。本章では、その誕生の物語を紹介します。そうするのは、たんに昔話や歴史上の事実を並べ立てるためではありません。その誕生の物語には、このユニークな会話の仕組みがなぜ必要とされ、なぜ有効であったのか、同時に、その場にかかわった人々がそれまでの専門家による一方向的な支援のあり方を、慎重さと勇気をもって、いかに転換し、風通しの良いものに変えていったのか、というリフレクティング・プロセスのエッセンスを感じることができるためです。

物語の舞台は、北欧ノルウェー。日本と同じく南北に細長くのびるその国のなかでも、かなり北の端の方に位置する北極圏の町トロムソです。リフレクティングという言葉とともに、広く世界で知られる臨床家のトム・アンデルセン（1936-2007）は、首都オスロの大学を出た後、最初は僻地の一般医（さまざまな病気やケガをした患者の自宅を訪ねて治療にあたる総合医）として経験を積み、1970 年代からこの町の精神科医として臨床に取り組んでいました。一般医の時代、地域における人々との触れ合いを経験する中で、人間が決して個的な存在ではなく、家族や周囲の人々とのつながりのなかでこそ、その人であることを実感していた彼は、当時、欧米で注目を集めていた「ミラノ・システミック・セラピー」という家族療法を仲間たちと学びつつ、その臨床に取り組んでいきます。

読者のなかには、「家族療法」という言葉になじみのない方もいるかもしれませんね。もともと個人の内面に焦点をあてる傾向が強かった（現在でも、その傾向は強いでしょう）従来の心理療法に対して、家族全体を対象と捉える新たな臨床活動の試みが始まったのは、1950 年代のアメリカでのことです。その流派はさまざまですが、大づかみに述べるな

10

ら、そこでは、それまで個人、さらに言えば、**個人の「心」において見出されてきた「病気」や「問題」を、家族をはじめとする「人間関係」の次元に配置しなおすという大きな転換**がなされました。これは、目に見えない個人の心から、目の前で生じている家族間のコミュニケーションの観察へと焦点を移す革命的なことでした。そして、ミラノ・システミック・セラピーは、当時、コミュニケーションを観察するための工夫に満ちた最先端の家族療法だったのです。

「ミラノ派」とも呼ばれた彼らの臨床の舞台装置となるのは、ワンウェイ・ミラー（暗い側から明るい側の様子は見ることができるけれど、明るい側からは暗い側を見ることのできない鏡、日本語でいうマジックミラー）によって仕切られた防音設備を施した二つの部屋です。その片方の部屋である面接室では、一組のセラピストが家族と面接をおこない、残る一組がワンウェイ・ミラーの背後の観察室でその様子を観察します（家族たちのいる面接室からは、観察室の様子を見ることはできません）。面接室の音声は、マイクとスピーカーを通して観察室に聞こえる仕組みです。このようなセッティングを駆使することで、観察者たちは、面接室の外側にいながら家族のやりとりに巻き込まれることなく、冷静に家族たちの全体状況を俯瞰し、観察することが可能となるわけです。

ミラノ派の臨床の流れは、基本的に次のような五つの部分からなります。

第 2 章　リフレクティングの成り立ち

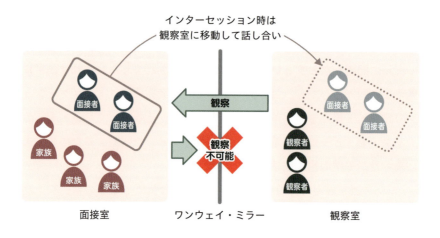

図 2-1　ミラノ派によるセッションの状況

1. **プレセッション**：セッション前にセラピストたちが集まり、家族の情報や前回のセッションについて討議する。
2. **セッション**：約 1 時間おこなわれ、その間に面接者（セラピスト）は家族から情報を引き出す。具体的情報のみならず、家族の交流様式にも目を向ける。この間、必要に応じて観察者（セラピスト）は面接者の一人を観察室に呼び戻して助言をおこなう。
3. **インターセッション**：別室に集まった面接者二名と観察者二名は、一緒になりセッションとそのしめくくり方について話し合う。
4. **介入**：セッションの終わりに面接者二名は家族のところに戻り、短いコメントと処方をする。
5. **ポストセッション**：家族が帰った後、チームは集まって、コメントや処方に対する家族の反応を話し合い、そのセッションのまとめをして、記録する。

ノルウェーのアンデルセンたちもまた、当時、最先端であったこのミラノ派の方法を学び、取り組んでいましたが、徐々にそのやり方に疑問を持ち、居心地の悪さを感じ始めたといいます。彼らが違和感を覚えたのは、面接者であるセラピストたちが家族を面接室に残して部屋を去り、専門家だけの密室で議論し、その場にいない家族に関する判断をして介入方法を決めてしまうことでした。「なぜ、その場にいて、僕らの話が彼らに聞こえるように大声で話さないんだろう？」と考えた彼は、しかし、すぐにそれを実践に移すことはしませんでした。なぜなら、自分たち専門家の話し合いの場から当事者である家族をしめ出していることへの居心地の悪さの一方で、自分たちの話を家族にオープンに聞かせたなら、むしろ家族たちを傷つけたり、恥ずかしい思いをさせたりしてしまうのではないかと危惧したためです。実際、**専門家だけで話し合う密室では、もし、本人たちが目の前にいれば決して使わないような失礼な物言いや、ひどい表現を平気で用いてしまっていた**ようです。こうした気持ちの悪い事態は、現在の日本でも（矯正施設に限らず、さまざまな対人支援の現場において）、支援者らがその場にいない被支援者やその関係者について話すとき、容易に生じてはいないでしょうか。

こうした葛藤のなかで、アンデルセンたちは、徐々に自分たちの話し方を変化させていきました。それは、クライアントである家族たちに対して話す際、専門家である自分たちが一方的に正しい見解を有しているかのような「あれかこれか」（たとえば、「あなたは○○です」「だから□□をやめて、××をしてください」といった話し方）から、家族たちのこれまでの歩みを肯定しつつ、**押しつけがましくない謙虚な姿勢で多様な可能性をそっと差し出していく「あれもこれも」**（たとえば、「□□に加えて、××や△△といったことは想像できるでしょうか」といった話し方）への変化でした。一見ささやかなこの変化は、「家族たちの問題を客観的に分析・判断し、正しい方向に導くのが専門家の役割」という従来の臨床の常識を根本から覆すものでした。つまり、**自分たち専門家こそが正しい**

第 2 章　リフレクティングの成り立ち

解決策を提示できる（あるいは、提示すべき）という考え方を手放し、そのような考え方から自分たちを解放したわけです。これがいかに大胆で勇気を要することか、ぜひ現在の自分の立場に重ねて想像してみてください。

　そして、1985 年 3 月、彼らはついにその日を迎えます。この日、あまりの長きにわたる悲惨な状況のなかで、他のことが考えられなくなっているその家族に対し、なにか楽観できるような質問をするようにと三度にわたりワンウェイ・ミラーの背後の別室で面接者に指示を与えたアンデルセンらは、面接室にもどった若い医師が、すぐにまたその家族の悲惨さのなかに引き戻されてしまう様子に直面し、それまで温めてきたアイデアを実行にうつします。彼らは、面接室のドアをノックし、「あなたがたが話したことについて僕らが話すのを聞くことに興味はおありでしょうか」と家族たちに尋ねたのです。当初のアンデルセンらの予想に反して、家族たちはこの提案に前向きでした。

　こうしてワンウェイ・ミラーで隔てられた二つの部屋の明かりと音声は切り替えられ、専門家チームによる「クライアント家族たちの会話」についての会話と、その様子の家族らによる観察がおこなわれることになりました。初めての試みに緊張しながらも、ひとしきり専門家たちが会話した後、ふたたび明かりと音声が切り替えられたとき、アンデルセンらの目に映った鏡の向こうの家族たちの様子は驚くべきものであったといいます。家族たちは、短い沈黙の後、互いに微笑みながら今後について楽観的に話し始めたのです（その日のうちに、次のバカンスの計画まで立てられたそうです）。これが、いまや広く知られているリフレクティング誕生の瞬間です。この方法は、家族や面接者も含め、かかわった人々すべてに気に入られ、まずは「リフレクティング・チーム」という名前で知られるようになりました。

　では、このとき、いったい何が起こったのでしょうか。アンデルセンは、「明かりと音声の切り替えは我々と家族の関係を驚くほど自由にし

た」と述べています。実際、そこでおこなわれたことは、ワンウェイ・ミラーを挟んだ二つの部屋の明かりと音声を切り換えてみる、というごくシンプルな試みに過ぎないようにも見えます。しかし、その変化は、従来の**「観察する者＝支援者」**と**「観察される者＝被支援者」**という固定化された一方向的な関係に対して、「観察する者としての被支援者」や「観察される者としての支援者」というまったく新しい関係を創出し、双方の観察を（一度にごちゃごちゃに混ぜ合わせるのではなく）丁寧に分けながら折り重ねていく立場の転換という新鮮な可能性を切り拓くものでした。そして、そのことは、臨床の場における専門家（支援者）と非専門家（被支援者）との関係を膠 着した固定的なものから、変化に富んだ、オープンな、民主的なものへと大きく転換させたのです。

こうして生まれたリフレクティング・チーム形式の会話では、二つのチームの会話が次のように展開していきます。

第 2 章　リフレクティングの成り立ち

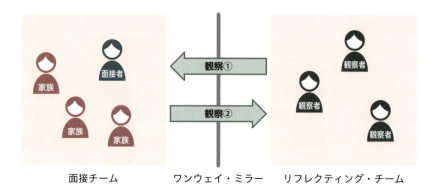

図 2-2　リフレクティング・チーム形式の会話

1. 面接者と家族はリフレクティング・チームから独立した形で会話をおこない、その会話をリフレクティング・チームがながめる（観察①）。
2. 適度な時点でリフレクティング・チームからいくつかのアイデアについて話す準備があることが伝えられる（面接者からリフレクティング・チームに投げかけても良い）。
3. リフレクティング・チームが面接チームでなされた会話について会話し、面接チームはそのやりとりをながめる（観察②）。
4. リフレクティング・チームによる会話をふまえて、再び面接チームが会話する。
5. 以上を何往復かおこない、最後は面接チームが会話して終える。

ただし、ここに示した会話が、あくまで「リフレクティング・チーム形式の会話」というリフレクティング・トークのひとつのバリエーションに過ぎないことも、急いで付け加えておかねばなりません。リフレクティング・チームのアイデアを紹介する論文が発表されて以降、型にはまった会話形式だけが世界中に流行してしまう様子を見たアンデルセンは、「僕は、リフレクティング・チームという言葉はなくなればいいと思っているんだ。リフレクティング・トークといっても多種多様だ」とも語っています。

実際、次節で紹介するスウェーデンのカルマル刑務所で始まり、現在では北欧各地で取り組まれている矯正施設でのリフレクティング実践や、近年、国内においても関心が高まっているフィンランド西ラップランドで育まれた画期的な精神医療システムであるオープンダイアローグにおいてミーティングの中核的方法として用いられているリフレクティング・トークに見られるように、**風通しの良い会話を生み出す方法としてのリフレクティングは、現在、実に多様な領域におけるダイアローグ実践の基盤として広く学ばれ、活用されています**（アンデルセン自身、スウェーデンやフィンランドなどの北欧各国はもちろん、文字どおり世界中を飛び回って、各地の現場でリフレクティングの思想を伝え、その地の人々と協働しながら実践を重ねたのです）。

そのように多様なあり方を許容する実践ですから、その考え方や姿勢の本質を理解するなら、ワンウェイ・ミラーを完備した部屋や大人数のチームは、リフレクティング・トークをおこなううえで必須のものではありません（もちろん、会話の場には、その必要に応じてさまざまな関係者を招くことが有効ですが、次節で見るように、少なくとも三者が集まればリフレクティング・トークは可能です）。なにより大切なことは、丁寧に相手の話に耳を傾け、そこで話されたことについて謙虚にオープンにリフレクトする会話を折り重ねていくための工夫を、それぞれの現場の状況に応じつつ、ときに柔軟に、ときに勇気を持って、試みていくことなのです。

第 2 章　リフレクティングの成り立ち

2-2　北欧の矯正施設における
リフレクティングの物語

　前節で見たとおり、リフレクティングは、ノルウェー北部の町で、家族療法というセラピーの場面で生まれました。この画期的な会話の方法は、すぐに国境を越え、領域を超えて世界各地で幅広い関心を集めることになります。矯正施設において世界で最初にリフレクティングが導入されたのは、1991年、スウェーデン南東部の美しい町に位置するカルマル刑務所でした。そのパイオニアと呼ぶべき人物が、この刑務所に心理士として入職したばかりのユーディット・ワグナーです。当時、入所者に落ち着きがなく、不安な様子が見られる一方で、刑務官への専門的なトレーニングが不十分であったこの刑務所では、職員たちから「重い罪を犯した受刑者に対して、どのようなかかわりを持てば良いのか?」「いかにして受刑者を人として理解できるのか?」といった声が聞かれていました。

　こうした状況で職員たちからスーパーヴィジョンを期待されたワグナーは、アンデルセンによるリフレクティングの研修を受けた経験から、早速、悩みを抱えた職員との間でリフレクティング・トークを試みます。そして、この試みはすぐに入所者を交えた三者(入所者と二人の職員)間のリフレクティング・トークへと発展していき、ワグナーはこれを「トライアローグ」と名付けました。まず、ここで注目すべきは、**刑務所でのリフレクティングの始まりが、決して専門家による入所者向けの処遇プログラムではなく、刑務官ら職員をサポートするための取り組みであったということ**です。彼女は、その当初の目的について、「刑務官が入所者との会話をうまくできるように、また、その機会を最大限に生かすことができるように手助けする」ことであったと述べています。「入所者との会話の機会を生かす」という表現のささやかさの一方で、

18

2-2　北欧の矯正施設におけるリフレクティングの物語

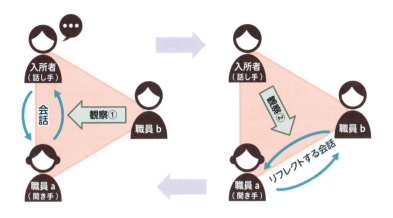

図2-3　トライアローグとターンの変化

その表現が含んでいる深さ、重さは、矯正の現場で経験を積まれてきた方ほど、強く実感されることでしょう。

　トライアローグの手順自体は、とてもシンプルなものです。まず、入所者が話したいことについて職員の一人 a と会話します。もう一人の職員 b は、その会話をながめています。会話が一段落すると、先ほどまで会話をながめていた職員 b と、聞き手であった職員 a が先ほどの会話について会話します。入所者は、その会話をながめます。こうして丁寧に「話すこと」と「聞くこと」を分けながら折り重ねて、最後は入所者と職員 a の会話で終わります。

　会話の手順自体はシンプルですが、こうした**会話が参加者にとって、たんに表面的、形式的なプログラムになってしまわないためには、その会話の場が、参加者にとって安心して生き生きと話せるように、丁寧に準備され、展開されねばならない**ことは言うまでもありません。ワグナーは、この三者による会話を実質的なものとするために、「何について話すか」「どの職員を会話に招くか」は、入所者自身が決められることにしました。こうした選択の自由は、刑務所内の受刑者という立場にとっては稀なものでしょうが、「自分が誰と話したいか」「どんな人を自分

19

は信頼できるのか」「自分はその人と何を話したいのか」といった内省を深める大切な機会となります。もちろん、リフレクティング・トークへの参加は、入所者も職員も自由で、強制されるようなことはありません。

こうしたワグナーの取り組みは、沈滞していたカルマル刑務所の組織風土に新鮮な風を通すものでした。そして、新鮮な風は、ときに多少の波風を立てるものであります。この取り組みが始まった当初、ワグナーは、受刑者への厳格な対応を主張する一部の刑務官から「あなたは囚人と職員のどちらの味方か？」と詰め寄られたといいます。そして、これに対して、当時、まだ若い心理士であった彼女は、勇敢にも、「どちらでもなく、私はそこに橋を架ける者です」と答えたそうです（今ではすでに定年を迎え、カルマルの自宅で趣味の絵を描きながら暮らす彼女は、その時の様子を昨日のことのように筆者に生き生きと語ってくれました）。

一方、このカルマル刑務所独自の新たな取り組みは、KVS（スウェーデン法務省所管の刑務所・保護観察庁）からも、詳細な内容説明を要請されました。このとき、プロジェクト開始以来、ワグナーを支援し、継続的に隣国ノルウェーからこの刑務所を訪れていたアンデルセンは、KVSへの粘り強い説明や職員研修などにも協力し、ついにこの実践の継続が許可されるにいたります。やがて刑務所内での理解も進み、最終的には受刑者の半数と職員の半数ほどがリフレクティング・トークに参加するようになったそうです。

リフレクティングは、こうしてカルマル刑務所における活動の中軸に位置付けられ、入所者のみならず職員の側にも大きな変化をもたらしていきます。そこでは、トライアローグばかりでなく、さらに多様な形態のリフレクティング・トークも育まれていきました。たとえば、**元入所者と出所予定者、および、その家族らを招いて開かれた大規模なリフレクティング・トークの場には、刑務所にかかわるさまざまな立場の人々（行政の責任者も含む）が招かれました**。こうした場が、異なる立場の参

加者それぞれにその立場に応じた固有の効果をもたらすことは明らかでしょう。

　ワグナー自身は、こうした実践の効果について次のように振り返っています。「私自身は、刑務所の雰囲気に注目しています。それは、より友好的、かつ、はるかにプロフェッショナルになり、リハビリテーションに向けたケアと仕事がなされています。もめ事は、職員が自分たちでトライアローグを用いた会議をおこない、新しい効果的な方法で解消されます。効果のひとつは、刑務所内で生じることへの不安な気持ちが消えたことです」。雰囲気が良くなること、何か生じることへの不安な気持ちが消えること、組織風土の改善にとって、それ以上のことがあるでしょうか。

　「成果」や「結果」という言葉に急かされ、実質的なものを後回しにして、表面的な数値目標に振り回されることよりも、その場にいる人々が良い雰囲気を感じられることの方がはるかに大切であることは、言うまでもありません（もちろん、そうした変化を自分たちで確認するための地道な研究は可能ですし、有効です）。そして、本書においてリフレクティング・プロセスと呼んでいる「場」全体の変化とは、そのような実感や実質を丁寧に育んでいくことで生まれるものなのです。

　こうしてスウェーデンで始まった矯正施設でのリフレクティングは、その後、デンマークやノルウェーといった近隣の国々のいくつかの刑務所にも広がっていきます。ただし、それらの国々においても、リフレクティングへの取り組みは決していっきに進展したわけではありません。

　たとえば、2002 年からカルマル刑務所の職員を招いて研修プログラムを実施し、アンデルセンからも直接学んだデンマークのヘルステッドベスター刑務所は、筆者が実際に幾度か足を運んだ思い出深い施設です。ここは、心理学的・精神医学的治療を要する長期入所の受刑者がデンマーク全土から集められる刑務所として知られています。

　この刑務所でプロジェクトを推進した心理士のハネ・グローセンは、

リフレクティング導入の目的として、(1) これまで他者と会話することに馴染んでこなかった入所者に、変化のきっかけとなるような有意味な会話の機会を提供すること、(2) 心理士や精神科医のような専門職のみならず、より幅広い刑務所職員が治療的活動（ここでは、医学的な狭い意味の治療ではなく、広く誰かを援助することを意味します）にかかわれるようにすること、の主に二つを掲げました。とりわけ（2）については、当初、専門職側、刑務官側の双方から反対の声が上がったといいます。専門職側は、「刑務官は素人なので治療的活動にはかかわれない」と主張し、刑務官側は、「これは自分たちの仕事ではない」と主張したのです。

　この施設では、リフレクティングの趣旨を伝えていくなかで、当初、10 名余りの刑務官が勇気を持ってプロジェクト参加に名乗りを上げたそうです。一方、リフレクティング・トークに参加する入所者は、会話の継続可能性を考慮し、長期の受刑者であることを条件としました。そして、職員側と同様に、入所者側にもリフレクティング・トークの特徴や趣旨を伝えるなかで、最初は 10 名ほどの入所者が参加を希望します（これは、当時、この刑務所に属していた刑務官、入所者それぞれの 1 割に満たないくらいの数です）。こうしてヘルステッドベスター刑務所におけるリフレクティング・トークは、2003 年に小さな、しかし、着実な一歩を踏み出しました。

　では、その後、この施設はどうなったでしょうか。筆者が初めてこの刑務所を訪ねたのは、2016 年のことでした。グローセンに刑務所内を案内してもらっている際、筆者とともに歩く彼女に、入所者たちはごく自然に話しかけ、ときには「最近リフレクティングをやってないので、そろそろ話したいな」と建物の庭先で話し込むこともありました。外部から刑務所内に入るまでのセキュリティの厳格さは日本国内の施設と変わらないのですが（そこにはやはり施設の内と外を隔てる高い壁があり、入り口では金属探知機による検査なども厳密に実施されています）、その内部の入

所者と職員のコミュニケーションのあり方はずいぶん異なっており、その様子から、リフレクティングがごく自然なものとしてこの施設に根付いていること、それを通して、入所者と職員のあいだに信頼関係が育まれていることが感じられました。

　また、実際のリフレクティング・トークの場面では、**刑務官も心理士もソーシャルワーカーもともに、更生の最前線で働くそれぞれの専門性や固有の経験を有した同僚として、かつてとらわれていたそれぞれの立場を超えて入所者の話に耳を傾け、率直に意見を交わす**様子を目にすることができました。「多職種連携の促進」などと肩ひじを張らなくても、目の前の入所者の話を一緒に聞き、オープンに話し合うことを通して、おのずと職員間の信頼関係や相互理解は深まっていくのでしょう。

　この施設で筆者のインタビューに応じてくれたある入所者は、自身が「男は感情を表に出すものではない」という文化で育ったと話してくれました。とくに刑務所内では自分の感情を正直に出しては生きていけない、とかつては考えていたそうです。そして、彼はリフレクティング・トークを重ねることで、今では自分の気持ちを率直に話せるようになった、と語ってくれました。また、ある刑務官の女性は、当初、自分が人の話に耳を傾けるのがあまり得意ではなかったのだと打ち明け、リフレクティング・トークに取り組むなかで徐々に入所者の話を聞けるようになったことを話してくれました。

　こうしたインタビューのなかでも、とりわけ印象深かったのは、ある入所者の男性が、**「この会話を通して、自分は人間になった。でも、自分だけじゃなく、刑務官も、心理士も、皆が人間になったんだ」**と述べ、そこに同席していた心理士も刑務官も、彼の発言に深く頷いた場面です。たしかに、私たちは皆、生まれた時からこれまで、その時々の人々との会話の流れのなかに身を置くことで、今あるような人間になってきたのです。それなしには、私たちは、話すことも、聞くことも、自分で考えることもできていないでしょう。そして、人が安心して人間に

第2章　リフレクティングの成り立ち

なっていくことができる会話の機会としてリフレクティングを捉えるなら、その実践は、特定の国や文化を超えた普遍性や柔軟性を十分に持ちうるものだと言えるでしょう。

第3章

リフレクティングの基本となる考え方

第3章　リフレクティングの基本となる考え方

3-1　リフレクティングの二つの側面

　ここまで本書を読まれた方は、どうやらリフレクティングには二つの側面がありそうだと、すでに気づかれているかもしれません。あらためて述べるなら、二つの側面のひとつは**リフレクティング・トーク**。こちらは、**さまざまなミーティングや話し合いの場面**において、**柔軟に工夫して用いることができるユニークな会話の方法**です。読者の多くも、その具体的手順やバリエーションに関心をお持ちでしょう。もちろん、本書では、矯正の現場に即した形でどのような会話を展開していくことができるのか、次章以降で詳しく説明していきます。

　二つの側面のもうひとつは、**リフレクティング・プロセス**。こちらは、そうしたさまざまな会話が表面的・形式的なものにならないために（そんなふうになってしまえば、それはたんなる茶番となり、入所者にとっても、職員にとっても、参加する皆にとって、負担にしかならないでしょう）、**風通しの良い組織風土や安心して話せる場を育んでいくプロセス**です。そのプロセスを進めていくために、職員間でのリフレクティング・トークを用いることもありますし、それ以外のさまざまな方法を用いる場合もあります。矯正の現場において、実質を伴う会話がなされるような組織風土を育てていくためには、目の前の会話を支えているその場の文脈（ここで言う文脈とは、具体的なそれぞれの会話に実質的な意味を生じさせる背景を指します）を捉えなおし続けるリフレクティング・プロセスへの目配りが欠かせません。

　つまり、**リフレクティング・トークとリフレクティング・プロセスは、互いを支えながら、互いの働きを促し合う**ような関係にあると言えるでしょう。

26

3-1 リフレクティングの二つの側面

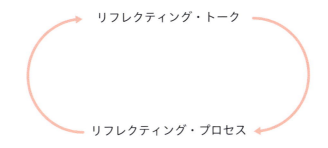

図3-1 リフレクティング・トークとリフレクティング・プロセスの相互促進

第 3 章　リフレクティングの基本となる考え方

3-2　リフレクティングを構成する二種の会話

　こうしたリフレクティングの二つの側面に加えて、リフレクティングでは二種類の会話を区別しておくことが大切です。リフレクティングでは、**「はなす」ことを外的会話、「きく」ことを内的会話**と呼んでおり、この二種類の会話を丁寧に分け、折り重ねながら展開していくところにその大きな特徴があります。より一般的な表現で言い換えるなら、外的会話とは、他者とのあいだの目に見える、耳で聞こえるコミュニケーションの流れ、内的会話とは、各々の心のうちで進んでいく内省や自分のなかのさまざまな声が入り混じる意識の流れ、と捉えることもできるでしょう。ふだん、私たちが「会話」をおこなう際、これら二種類の会話の流れがそこでは生じているのです。

　ところが、見聞きしやすい外的会話だけを追いかけていると、こちらが相手に何かを伝え、相手が「はい」とか「わかりました」と返事をしたら、それでこちらの伝えたいことが相手に伝わり、相手はそれを理解したと捉えてしまいがちです。こうした考え方は、情報がまるでモノのように話し手から聞き手に伝達されることを想定していた古いコミュニケーション・モデルに依拠しています。「それのどこがおかしいの？」と思われるかもしれませんが、もし逆の立場で考えてみるなら、そのおかしさは明らかでしょう。たとえば、あなたが上司から何かを指示されたり、注意をされたりしたとき、「本当はそうしない方がいいのに、わかっていないな」とか「何を注意されているのか、どうも納得がいかない」と思ったとしても、組織における自分の立場上、「はい」「わかりました」などと、とりあえず口にしたことはないでしょうか。このとき、そこでなされている外的会話とあなたの内的会話は、ずいぶんかけ離れていることになります。つまり、**何か言葉が伝えられて、それに対して「はい」と答えたからといって、そこに合意や共通理解が生まれている**

3-2 リフレクティングを構成する二種の会話

図3-2 外的会話と内的会話の乖離

わけではないのです。当然、あなたが矯正職員として、施設の入所者に対して「必要なことは伝えたし、相手は『ハイ』と返事をしていた」「本人にしっかりわからせることができた」と思っている時にも、入所者の内的会話では、ずいぶん異なった声が響いている可能性が高いわけです。

念のために書き添えるなら、こうした事態は会話の参加者が不誠実だから、正直ではないから生じるということではありません。少し想像してみればわかるとおり、実際に自分が誠実な思いを抱いていたとしても、「自分は誠実な人間なんです！」と相手に必死で伝えれば伝えるほど、「こんなにしつこく言ってくるなんて、何かあるのでは？」と相手から不審がられてしまうことは珍しくないでしょう。つまり、**自分の内面をすべて正確に他者に伝えることなど、そもそも不可能なこと**なのです。

それでも、やはり正直であることは大切だと考える方もいるかもしれ

29

ません。しかし、本当にそうでしょうか。少し前に、『サトラレ』という自分の思ったことがラジオのように常に周囲に伝わってしまう特異体質の主人公を描いた映画がありました。その映画のなかで、サトラレの周囲の人々は本人の考えが周りに筒抜けであることを決して本人には知られないように努力していました。もし本人が、自分がサトラレであることを知ったら、とても生きてはいけないからです。実際、そんな状況を想像するなら悲惨なことでしょうし、おそらく、そうした状況では、人々は「自分」というものを保てなくなってしまうでしょう。

　一方、誰もそうしようとは思っていないのに、そこでの話の流れがおかしな方向に進んでしまうこともあります。たとえば、提案者自身にも迷いがあり、実はあまり乗り気ではなかった提案に対して、皆がお互いに気を使って反対意見を出さず、気がつけば、とくに誰も望んでいないような方向で面倒な何かが決定されてしまうような会議の場を想像してみると（世のなかでは、意外とそんなことがよく起きているものです）、外的会話は内的会話とは必ずしもかみ合わず、それ自体として展開していく可能性があるものだということに気づかれるでしょう。

　すなわち、内的会話と外的会話という二種の会話は、それぞれが別の次元で動いています。また、会話の参加者それぞれの内的会話は独立して、閉じているため、私たちはテレパシーのようにその思いを直接に伝え合うことなどできません。まして、**会話を通して、思いどおりに他者の内面を変化させたり、コントロールしたりするといったことは、本来できない**のです。たとえ一時的に、強制したり、脅したりして、特定の場面で他者をコントロールできたとしても、それは相手を実質的に変化させていることを意味しないのは明らかでしょう。

　実際、「洗脳」「マインドコントロール」と呼ばれるような他者による内面の操作は、メディアで喧伝されるほどには有効なものでなく、あくまで状況限定的であり、場合によっては、さまざまな後遺症をもたらす非人道的なものであることが指摘されています。端的に言えば、誰かが

3-2　リフレクティングを構成する二種の会話

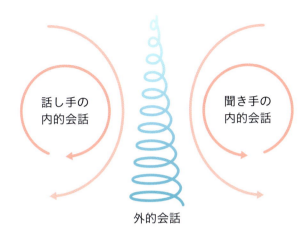

図 3-3　外的会話と内的会話の関係

ほかの誰かに対して、人生をいかに生きるべきか思いどおりにコントロールすることなど、できないのだということです。

　ここまでの説明を踏まえて、あらためて図にしてみるなら、会話における話し手と聞き手それぞれの内的会話と、両者のあいだで生じる外的会話は、図のように描くことができるでしょう。それぞれの内的会話と外的会話の流れは、直接に接続されているものではなく、それぞれに自律性を有したものです。しかし、ここで同時に踏まえておくべきことは、それぞれの流れが自律的なものであるからといって、それらが互いに全く影響を与えない、影響を受けないわけではないということです。それどころか、いずれの会話も、一方なしに他方はありえないとさえ言えるでしょう。

　実際、私たちの内的会話に生じるさまざまなことばや声が、生まれたときから自分のなかに存在していたものでないことは明らかです。本書の読者は（本書が外国語に翻訳されない限り）、基本的に日本語を母語としているか、日本語話者である方々だと思いますが、私たちが何かを思い、考える際（すなわち内的会話をおこなう際）、自然に用いている日本語

31

のボキャブラリーや文法は、私たちの内面から自然に湧いて出てきたものではありません。読者の多くがそうであろうように、自分がまだ満足に会話などできない幼い頃から、日本語を話す人々に囲まれ、世話されながら、その外的会話の流れのなかに身を置きつづけることで、あるいは、もう少し成長してからは、友達や先生とのおしゃべりや、本やテレビやインターネットなど各種のメディアを介して、さらに、日々多様な外的会話に触れながら、徐々に自身の内的会話に浸透し、編みこまれてきたものが、現在の「自分のことば」「自分の声」になっているのです。

　もし、私たちがどこか異国で生まれ育ち、日本語以外の、文法もボキャブラリーもまったく異なる言語が行き来する外的会話の流れに身を置いて生きてきたなら、自分のうちで生まれる思いや考え方のクセ、さらには、世界の見え方自体さえ、今とはまったく違っていたでしょう（たとえば、「七色の虹」などと言いますが、国や文化が異なれば、五色、三色、あるいは八色以上を虹に見出す地域もあると聞いたことがある方もいるでしょう）。

　反対に、私たちのあいだで生じる外的会話は、各々の「自分のことば」「自分の声」から差し出された何らかの言説（言われたこと、書かれたことなど）を足場にして進んでいきます。そこにどのような思いが込められており、それが相手にどのように受けとられるかについては、先に述べてきたとおり、お互いがそれをまったく同じように共有することなどできませんが、**不確実でありつつも（不確実だからこそ）、目の前に差し出された一言一言を大事な手がかりにして外的会話が進んでいく**ことは、間違いのないことです。そして、そのように生み出されていく**外的会話のなにがしかが、また個々の内的会話へと浸透して、私たちは人間として日々形づくられ、変化していく**（つまり、人間になっていく）のです。

　こうした会話のあり方について、リフレクティングを仲間たちとともに生み出したアンデルセンは、"Talking is formative as well as informative"とシンプルに表現しています。筆者なりに意訳するなら、「会話するということは、情報を伝えるばかりでなく、（人や、人々の関係を）形づくるということだ」と翻訳できるでしょう。すなわち、会話は一方から他方への情報伝達という一般的にイメージされる働き以上に、その会話にかかわる人々やその関係を形づくっていく働きを有しているということです。実際、私たちは自分の思いどおりに情報伝達をするための道具として会話を用いているというよりも、**大きな外なる会話の流れのなかに生まれ、育ち、自分の声を得て、自分の内に固有の会話の流れを育んでいきながら、人々とともに不確かではあるけれど（あるいは、不確かであるからこそ）豊かで新鮮な会話を生み出し、その会話の流れのなかで生き続けている**のです。

　以上の視点を踏まえて、あらためて前節で述べたリフレクティングの二つの側面と、リフレクティングを構成する二種の会話である内的会話、外的会話とを結びつけて描くなら、次の図のように表すことができるでしょう。矯正の現場で考えるなら、各々の内的会話と人々のあいだで生まれる外的会話がそれぞれに自律しつつ、かつ、互いに影響を与え合いながら、入所者と職員、職員同士、家族や関係する多機関の人々などを含むさまざまなリフレクティング・トークが展開され、その積み重ねとともに、土台となる矯正の組織風土が風通しの良い、安心を感じら

図3-4　リフレクティングの二側面とリフレクティングを構成する二種の会話

れる場所へと育まれていく。同時に、そうした組織や施設全体のリフレクティング・プロセスが進展していくことで、皆が風通し良く話せるための具体的な仕組みや環境、制度といったものが整備されていき、矯正の場でなされるリフレクティング・トークがさらに豊かで実質を伴うものとなっていく。こうした多層的な会話の流れは、それぞれが渦を巻くようにしながら、より大きな流れを生み出していくことでしょう。

　ぜひ、そんな様子を思い浮かべながら、この図とともに本書を読み進めていただければと思います。

3-3　なぜリフレクティングは有効なのか

　前節の記述は、リフレクティングの全体的な見取り図を示すために、説明が少し抽象的になってしまったかもしれません。読者の皆さんには、「話は何となくわかるけれど、結局、どうして矯正の現場でリフレクティングを用いる必要があるの？」「どんなところが今までの面談より有効なの？」という疑問も湧いているのではないでしょうか。本節では、そうした疑問への応答として、新しいコミュニケーションのあり方としてのリフレクティングの有効性について、いくつかのポイントを説明していきたいと思います。

　リフレクティングについて初めて見聞きする方々がまず感じられる疑問は、第2章において紹介したノルウェーで生まれたリフレクティング・チーム形式の会話や、スウェーデンの刑務所で始まったトライアローグのような、日常的な個別面接よりも人手や手間がかかり、一見、不自然にも見えるふだんとは違った会話の構造や手順に、いったいどんな意味があるのか、ということでしょう。実は、そこにリフレクティング・トーク固有の有効性について考えるヒントがあります。

　以下、リフレクティング・トークとしては、もっともシンプルな最小構成である三者による会話（トライアローグ）と、通常おこなわれている一対一での面談を比較してみましょう。まず、図の左側に示された二者間の面談（個別面接）では、話し手が何か相談事などを話し、面接者がそれに応じるといった一対一の応答形式になります。そのため、面接者が話し手の話を聞く際、どうしても、そこで語られた**「悩み」や「問題」について、その場で何かしら解決策を提示しなければと頑張って助言や指導をすることになりがち**でしょう。もちろん、それがまったくダメというわけではありません。矯正施設内において、熟達した矯正職員によるそうした面談を通して救われる悩みがたくさんあることは間違い

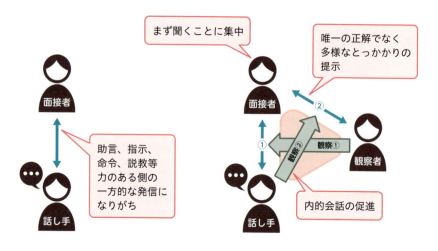

図3-5　二者間での会話と三者によるリフレクティング・トークの比較

ありません。

　一方で、一対一の面談が話し手にとって、しんどい経験になる場合も少なくありません。たとえば、面談の場面で面接者の示す解決策や提案が、話し手にとって受け入れ難いものであったり、何かズレていると感じられたりすることは少なくないでしょう（たとえ客観的には「正しい」提案だったとしても、「正論はナイフ」とも言われるように、今の自分にとって、あまりに遠く感じられるような提案を、人は容易に受け入れることはできません）。そして、**本当はズレが感じられていたとしても、一対一の面談場面において、相手の提案を正面から否定するのは、なかなか難しいこと**でしょう。

　とりわけ、面接者と相談者である話し手とのあいだに、立場上、不均衡な力関係が存在している場合（たとえば、上司と部下、医者と患者、教師と生徒、矯正職員と入所者など）には、話し手にとって、その場で面接者の意見を否定することが難しいのは明らかです。その結果、前節で見たように話し手の内的会話と外的会話は乖離してしまい、面接者にとっては善意の助言も、相談者にとっては、しんどい指導や説教として虚しく

響くことになってしまうかもしれません。

　一方、図の右側の最小構成のリフレクティング・トークは、そうした従来の面談の場に「観察者」という第三の視点を加えただけのごくシンプルなものです。しかし、そのシンプルな工夫が、先に見た一対一の面談がはらむしんどさを解消し、実質のある会話の可能性を大きく広げる働きを有しているのです。まず、最初の会話①において、**面接者の役割は、話し手の話を聞くことのみ**です。このとき、助言や提示すべき解決策を急いで考える必要はありません。そのぶん、話し手が何を話そうとしているのかを丁寧に聞くことができますし、話し手も面接者の意見に妨げられることなく、思うままに話すことができます。この間、観察者は話し手と面接者の会話に加わることはありません。ただ静かに両者の外的会話を聞きながら（観察①）、自身の内的会話において、浮かんでくるさまざまな気づきやアイデアと向き合うことができます。

　つぎに、話し手の話が一段落すると、たった今話されていた話し手と面接者の会話について、面接者と観察者が会話します（②）。このとき、話し手は、二人の会話に参加することなく、リラックスして両者の会話をながめながら（観察②）、自由に自身の内的会話に集中することができます。話し手にとって、面接者と観察者が話している内容は、さきほど自分が話したことについてなのですが、直接に「ああしたら」「こうしたら」と自分に向けて話されるわけではないので、それに**応答する必要から解放され、大きく俯瞰するように「自分が話したことについての会話」をながめ**、ピンとこない話はスルーしながら、自分にとって有効なとっかかりを主体的に選び取りつつ、自身の内的会話を進めることができます。

　さらに、こうした仕組みから得られるメリットは、ひとり話し手のみならず、会話の参加者全員にとって大きいことがおわかりでしょう。まず、一対一の面談においては、話し手の話を聞くだけでなく、同時に、急いで何か解決策や提案を示さなければならなかった面接者が、その大

第 3 章　リフレクティングの基本となる考え方

きな負担から解放されることになります（自分の考えた解決策を示すことに夢中になれば、話し手の話を丁寧に聞けなくなってしまいがちです）。すなわち、**リフレクティング・トークであれば、面接者は、まずはただ話し手の話を聞くことだけに集中でき、そのあとで観察者と会話しながら、思い浮かんだアイデアを落ち着いて述べていくことができる**のです。

　つぎに、観察者は、まずは会話に参加せず、落ち着いて話し手と聞き手の会話に耳を傾けていられますから、両者の会話を聞きながら思い浮かぶアイデアをじっくりと考え続けることができ、すぐに何か意見を言わねばならないような状況から解放されます。そして、思い浮かんだアイデアは、面接者との会話のなかで「結論」や「正解」としてではなく、会話を続けていくためのヒントとして自然に提示していくことができます（ただし、後でも述べるように、ここでの会話がたった今話された話し手の会話からかけ離れ過ぎてしまわないように気をつけることは大切です）。

　最後に、話し手は、話している途中で相手から何か押しつけがましい（と本人に感じられる）ことを言われて、話す意欲を失うような状況から解放され、**のびのびと自分の思いを話しきることができ**ますし、次の段階では、たった今自分が話したことを俯瞰（ふかん）するような視点から目の前でなされる会話をながめ、その場での応答を求められることなく、**存分に自分の内的会話に集中して、自分にとって必要と思われるヒントや言葉を主体的に選び取りながら、自身の考えを能動的に進める**ことができます。

　こうしたリフレクティング・トークのあり方が、一対一での面談と比較して、誰にとっても無理が少なく、前節で説明した二種の会話の現実に即したものであることは明らかでしょう。大切なことは、「何を言ったか」ではなく、「その言葉がどのように相手に受け取られるのか」、そして、そこでの会話を通して、「どのような関係が私たちのあいだに形づくられていくのか」ということなのです。

　もちろん、実際にこうした状況を生み出すためには、それに応じた準

3-3　なぜリフレクティングは有効なのか

備や作法も大切です。次章以降では、その準備や進め方について、具体的に見ていきましょう。

第4章

リフレクティング・トークを始める前と後の準備

第4章　リフレクティング・トークを始める前と後の準備

4-1　会話の前の会話

　いよいよリフレクティング・トークに取り組むとなったとき、まず、何から始めれば良いでしょうか。「とにかく入所者を呼んで話を聞こう」とはやる気持ちもあるかもしれませんが、実は、リフレクティングにおいては、「会話の前の会話」、すなわち、**リフレクティング・トークを開く前の会話を丁寧におこなうことがとても大切**です。そもそも、リフレクティングの大前提は「話したい人が話す」「話したくない人は無理に話させない」ということですから、施設の方針としてリフレクティングに取り組むことになったからといって、入所者にそれを強制するようなことはできません。一方、入所者側でも、多くの人は急に「リフレクティング」と言われても、耳慣れないカタカナ語で、いったいどんなことをするのか、具体的なイメージを思い浮かべることは難しいでしょう。もしかすると、「複数の職員と話す」と聞いて、職員たちに囲まれて指導を受けるようなしんどい状況を想像し、なんとかしてそんなものは避けたいと考えてしまうかもしれません。

　そのため、リフレクティング・トークを始める前に、**まずはリフレクティングがどんな場であるのかを、話し手になる可能性のある人たちにわかりやすく紹介する準備や工夫**が必要です。そうした準備に取り組むことは、職員の皆さんにとっても、リフレクティングについて基本的なところからよく考えてみる機会になるでしょうし、現在、施設でかかわっている入所者の人々に向けて、どんなふうに説明することが有効か、それぞれの特徴や状況に合わせた柔軟な対応を検討する機会にもなるでしょう。なにより、リフレクティングを提案される入所者側にとって、まずはそうした丁寧な説明を受けることが、参加する会話の場への信頼感・安心感を育む第一歩となります。

　たとえば、ノルウェーのトロンハイム刑務所では、リフレクティン

4-1 会話の前の会話

図 4-1　ノルウェーの刑務所内に掲示されたリフレクティングのポスター

グ・トークについて紹介するこのようなポスターが施設内に掲示されています（上図の日本語訳は、筆者によるものです）。

こうしたリフレクティングの紹介用のポスターやチラシは、国内において筆者と共同研究に取り組んでいる美祢社会復帰促進センターや福岡少年院でも、それぞれの現場の職員が工夫して作成しています。参考として、福岡少年院の法務教官の方が作成したリフレクティング紹介用のチラシ（少年たちが生活するそれぞれの寮に掲示）をお示しします。色合いも優しい雰囲気で、少年たちが安心できる表現が用いられていることが見てとれるでしょう。

もちろん、初めて参加する人には、ポスターやチラシを見るだけでは、その内容がうまく伝わらない場合もあるでしょうから、チラシを活用しながら、さらに丁寧に口頭で説明する機会を集団に対しても、個別にでも、必要に応じて臨機応変に作っていけると良いでしょう。基本的

第4章　リフレクティング・トークを始める前と後の準備

図4-2　福岡少年院で用いられているリフレクティングの説明チラシ

には、まず、施設入所時にこうしたリフレクティングという会話の機会があることをオリエンテーションの中で一度紹介しておいたうえで、関心を持った入所者に対しては、実際の会話への準備として個別に詳しく説明をおこなうことが適切です。

　また、第2章で、スウェーデンの刑務所で最初に始まったリフレクティングの取組を紹介した際にも触れましたが、福岡少年院の説明チラシにも記載されているとおり、リフレクティング・トークの場で誰に話を聞いてほしいのかについては、話し手になる本人が希望することができます。実際、これまでに筆者がかかわった矯正施設での実践経験では、とくに話し相手の希望がない場合もあれば、話したい内容によって、「この人には聞いてほしくない」という場合も、「できるだけいろいろな人の意見が聞きたい」という場合もありました。そうした場の構成ついて、**話し手となる本人と丁寧に相談しながら**（もちろん、施設の状況

次第で実際に対応が可能な職員の人員体制なども変わってくるでしょうから、可能な範囲で職員側の事情とすり合わせしつつ）**準備を進めていくこと自体が、話し手の安心感を育む「会話の前の会話」**になります。リフレクティングにおける会話は、すでにそこから始まっているとも言えるでしょう。くれぐれも機械的な、あるいは、杓子定規な押し付けとはならないよう留意してください。

　もし、話し手にとって、そこでの会話の経験が嫌なものでなく、自分の気持ちを率直に話せたり、考えを整理できたり、さらには新たな発見や気づきが得られたなら、そうした会話の機会が継続的に開かれていくことが望まれるでしょうし（実際、筆者がかかわっている矯正施設でリフレクティングを経験した入所者のほとんどは、こうした会話の機会の継続を希望しています）、話したい話題や、その場に新たに招きたい人も具体的に広がっていくことになります。そして、「人間」は人と人のあいだに生じていくものですから、会話の参加者が広がっていけば、話し手の「人間」としてのありようも（同時に、他の参加者の「人間」としてのありようも）、より多様で広がりをもったものへと育っていくでしょう。

第 4 章　リフレクティング・トークを始める前と後の準備

4-2　会話のための環境づくり

　リフレクティング・トークを実施する際、家族療法の場でリフレクティング・チーム形式の会話が始まった頃のようなワンウェイ・ミラーで区切られ特別な部屋を施設内に準備する必要はありません。会話に参加する人々が互いに余裕をもって座ることのできる落ち着いた空間で、外部からの雑音や暑さ、寒さなどの刺激によって会話を邪魔されることのない環境であれば、基本的にはどのような場所でもリフレクティング・トークをおこなうことができます。

　もちろん、矯正施設の入所者が話し手となるリフレクティング・トークの場合、会話の声が他の入所者に聞こえてしまうような居室での実施は、そこで話せる内容に大きく影響を与えるであろうことが容易に予想されるでしょう。そのため、面接室や空き教室など、話し手にとって安心して話したいことを話せる場所を確保しておく必要があります。同時に、矯正施設の役割上、保安警備との兼ね合いも検討課題となるでしょう。こうした施設設備の環境は、実際のところ各地の施設ごとに固有の状況があるでしょうから、それぞれの実態に合わせ、適切な実施場所を皆で話し合い、工夫していけると良いでしょう。

　筆者が継続的に訪ねている矯正施設でも、リフレクティング・トークの実施場所やその環境については、試行錯誤を重ねています。あまり狭い面接室だと、複数の観察者（リフレクティング・チーム）が同席するには窮屈になってしまいますし、あまり広い教室やホールの一角だと、がらんとした感じで落ち着かない雰囲気になる場合もあります。また、空調設備が入っていないスペースでは、夏の暑さや冬の寒さでゆっくり会話することが難しい状況が生じますし、逆に、空調の音が大きすぎてお互いの声が聞こえづらくなってしまう、といったこともありました。ほかにも、部屋の明るさや窓の有無など、環境を構成する要素は多々あり

46

ますが、最初から万全な環境を準備することは難しいでしょうし、実際に試してみてから気づかれることも多いでしょう。現実的には、**可能な場所で実践を重ねることと並行して、話し手となる入所者側の意見にも耳を傾けつつ、よりふさわしい環境を工夫していく**姿勢が求められます。

　たとえば、矯正施設内でのリフレクティング・トークの際、筆者が気になった環境のひとつは、参加者が腰かける椅子でした。小・中学校の教室で見かけるごく普通の椅子ではあるのですが、話し手となった入所者がしっかりと姿勢を正し、握った拳を膝に置くその構えからは、おのずと緊張感が漂い、会話も固くなりがちな様子が見てとれました。私たちは、ふだんあまり意識することがありませんが、話すことは、息を吸って吐くこと、つまり呼吸することです。**緊張した姿勢とリラックスした姿勢とでは呼吸は大きく変わりますし、そうすると、おのずと声のトーンもそこで話される内容も、思い浮かぶことも、大きく異なってきます**（アンデルセンがみずからの会話のあり方について試行錯誤していた際、ノルウェーの伝説的な理学療法家のもとで長く学んだことが知られているように、本来、リフレクティングは、会話における呼吸や身体のあり方にも、深く配慮する実践なのです）。

　そのため、福岡少年院では、筆者とリフレクティングの共同研究に取り組んでいる矯正職員の方々で相談しながら、会話の参加者がリラックスして話せる環境整備の一環として、ゆったりと座れる椅子とクッション、部屋の雰囲気を柔らかくするカーテンやラグなどを備えた独自のリフレクティング・ルームをつくっています。もちろん、少年院という矯正施設のなかに、こうしたこれまでにない空間を生み出すことができたのは、施設の管理職の方々の理解・協力と、インテリアショップを巡って素敵な家具を探し、提案を続けたプロジェクト・メンバーの熱意・勇気があってのことにほかなりません（若手職員と管理職、外部から訪れる研究者が率直に話し合いながら協働する、こうした取り組みのプロセス自体が、第

第 4 章　リフレクティング・トークを始める前と後の準備

図 4-3　福岡少年院に設けられたリフレクティング・ルーム

3 章で述べた風通しの良い組織風土、安心できる場の雰囲気を育んでいくリフレクティング・プロセスなのです）。実際、このリフレクティング・ルームでは、少年や、ときには少年の家族などを交えたリフレクティング・トークが、これまで以上に良い雰囲気のなかで実施されています。

4-3　リフレクティングにおける会話の作法

　聞き手や観察者（リフレクティング・チーム）としてリフレクティング・トークに取り組むうえで大切なのが、そこでの会話の作法です。「作法」などと聞くと、ずいぶん古くさく感じられるかもしれませんが、立居ふるまいのひとつひとつが、その場の人々との関係を形づくっていくものであることは、先に触れたようにアンデルセンが"Talking is formative"と述べていたとおりです。実際、筆者が少年院において、リフレクティング・トークの場で出会ったある少年は、**「先生たちが何を話してくれたかだけじゃなくて、聞いたり話したりしてくれている様子とか、どんなふうに話してくれたか、というのが、とても参考になりました」**と筆者に教えてくれました。

　もちろん、作法といっても、そこでの丁寧さや礼儀といったものが、わざとらしく、その実質を伴わない上っ面だけのものとなってしまっている場合には、かえって相手との関係を損なう場合もあることには気をつけなければなりません。実際、ここで紹介する会話の作法のひとつひとつには、ある意味でリフレクティングの本質がうつし込まれており、それらはたんなる約束事としての作法以上の意義と、実際上の効果を有したものです。以下では、アンデルセンが各所で述べているリフレクティングにおける会話の作法について、（1）全体的なもの、（2）面接者（聞き手）に求められるもの、（3）観察者（リフレクティング・チーム）に求められるもの、という観点から抜粋、整理して、順に見ていきましょう。

第4章　リフレクティング・トークを始める前と後の準備

（1）全体的な作法

・**話したくない人に無理に話させない。話したくないことを無理に話させない。**

　：話したい人が話したいことを話し、話したくない人、話したくないことは話さないでいられることがリフレクティングの大前提です。話したくない人を無理にリフレクティングの場に連れてきたところで、実質的な変化は生じないばかりか、不信感や傷つきが生まれてしまう可能性が高いことは容易に推測できるでしょう。また、何かを話したい人に対してであっても、**聞き手側の都合や関心で、話し手にとって触れたくない話題に踏み込んで無理に聞き出そうとしたり、考えさせたりするようなやりとりは、話し手の内的会話と外的会話を乖離させるばかり**であることを忘れてはいけません。

・**事前に話し手のいないところで会話の計画や作戦を立てない。**

　：最初のリフレクティング・チーム形式の会話が、専門家だけで話し合っていた密室をクライアントが見聞きできるようにオープンにしたことから始まったように、透明性やオープンであることは、リフレクティングにおいてとても大切な前提です。もちろん、矯正施設という性質上、「入所者に対してすべての情報をオープンになどできない」と思われる方もいるでしょうし、それは無理のないことです。

　　ここで言うオープンさとは、たとえば、**話し手のいないところで、「今日はこういう話にもっていこう」などと職員のみで事前に作戦を立てたりしない**ことを意味しています。そうした意図が透けて見えれば（多くの場合、自分が過信している以上に、そんな雰囲気は簡単に相手に感じ取られているものです）、たとえ表面的にはその場で職員側の期待に沿った外的会話が進んだとしても、それは、ただそれだけのことに終わってしまうでしょう。

（2）面接者（聞き手）に求められる作法

・話し手が話すことを妨げない。

：リフレクティングにおいては、話し手本人が妨げられることなく話せることが大切です。一回のリフレクティング・トークのために確保できる時間は、状況によりまちまちでしょうが、**途中で聞き手が話し手の話を遮るようなことはせず、許された時間の範囲で丁寧に聞く**ことに集中しましょう。

　もちろん、話し手の邪魔にならない程度の相槌（あいづち）や、「それはどんなふうに？」「その○○ということについて、もう少し教えてもらえますか」といった、今話されたことに興味を示し、それについて話し手と一緒に探究していくための質問はしてもかまいません。ただし、こちらが知りたい情報を一方的に問いただす尋問のような質問の仕方ではなく、あくまで相手の話に沿っていく姿勢を大切にします。

　また、切りのいいところで、「今は□□だとお感じなんですね」「○○が気になって□□ではないかと考えている、というお話かな、とお聞きしたのですが、私がどこか誤解しているところや、付け加えておきたいことはないでしょうか」と話し手のそこまでの話について確認することも有意義でしょう。ただし、その際には、できるだけ話し手が実際に使っていた表現そのままを用いることが大切です。くれぐれも、「要は、△△ということだね」というふうに、話し手の表現をこちらの用語に勝手にすり替えたりしないように気をつけましょう。

　話し手が長く話し続けると時間が心配になるかもしれませんが、たとえば、予定した1時間のうち、話し手が最初に45分話し続けたとしても、それは問題ではありません。「リフレクティング・チームとのやり取りを○回やらなければ」といった**枠にとらわれず、その場の自然な流れに沿っていく**ことが大切です。

第4章　リフレクティング・トークを始める前と後の準備

・話し手が考えることを妨げない。

：話し手の話が一段落して、少し沈黙が訪れた際、聞き手はつい急いで会話を進めようと、何か新たな質問をしてしまうかもしれません。あるいは、何か解決策を示そうと焦って、ついアドバイスをしてしまいそうになるかもしれません。しかし、話し手にとって、自分が話し終わった後に訪れる「間（ま）」は、たった今自分が話したことについて自身であれこれ思いを巡らせ、内的会話が促されている大切な時間であることが少なくありません。この時間を妨げてしまうことは、せっかくのリフレクティング・トークの意味を損なうことになるのです。

リフレクティングでは、聞き手が無理に質問して話を広げる必要も、急いで解決策を提示する必要もありません。表面上の外的会話を流暢におこなうことばかりに気をとられず、**ときにはじっくり沈黙を味わいながら、ふだんの会話よりもゆっくりと深く呼吸して、相手のペースに沿っていく**ことを心がけましょう。

(3) 観察者（リフレクティング・チーム）に求められる作法

・話し手がその場で話していない事柄を別の文脈から会話に持ち込まない。

：リフレクティング・トークの場において、リフレクティング・チームは、あくまでその場で話し手と聞き手のあいだでなされた「会話そのもの」を大切に受けとめながら会話していきます。これは、リフレクティング・チームのメンバーが何らかの専門的知識や経験、話し手について事前情報などを有していたとしても、そこから生じるある種の先入観に基づいて、話し手を一定の類型（たとえば、「○○タイプの人間」「元々△△の傾向がある」といった単純化、固定化した枠組）にはめ込むような姿勢では会話に臨まないことを意味しています。「そう言っているけれど、ふだんは××じゃないか」「以前はこ

52

4-3　リフレクティングにおける会話の作法

う言っていた」というような発言も、やはり話し手を縛り付け、凍り付かせてしまうことになります。

　そのように、その場で話されていない別の文脈での事柄で頭をいっぱいにして会話に臨めば、**観察者自身がその枠組にとらわれてしまうことになり、目の前に広がっている今この場での変化の機会を見逃し、取りこぼしてしまう**ことになるでしょう。リフレクティング・チームにおける会話は、以前から温めていた自説を開陳するための演説の場ではなく、あくまで、今目の前で話されたことについて率直に受けとめ、その場で新鮮で多様な変化の可能性を育んでいく機会なのです。

・**断定的でなく推量的に、控え目に話し、意見を一つにまとめない。**

　：観察者が唯一の正解を有しているわけではありませんし、リフレクティングは、専門家の意見を押しつけるための場ではありません。「あれかこれか」ではなく「あれもこれも」という多様な視点を切り拓いていくことができるのがリフレクティングの強みです。そのため、リフレクティング・チームにおいては、**断定的な物言いをせず、あくまで控え目に、そっと自分の足元に置くように自分のアイデアや問いを話していく**ことが大事な作法です。

　　たとえば、「問題は○○だ」「この人は△△をおこなう必要がある」「当然こうすべきだ」ではなく、「◇◇と話しているのを聞いた時、私は☆☆というふうに考えることもできるかもしれないと感じました」「確信はないのですが、□□というアイデアや、一方で、それとは逆に■■という考えも浮かんできました」といった話し方ができるでしょう。もちろん、リフレクティング・チーム内で意見を一つにまとめる必要はありません。

・**話し手について否定的なことを言わない。ただし、いたずらに称賛もしない。**

　：人が何かを否定的に受け取るとき、それは「否定的なもの」にな

53

第4章　リフレクティング・トークを始める前と後の準備

る、とアンデルセンは言います。否定されれば、話し手はそのような意見に対抗するため、なおさら頑固な姿勢をとるかもしれません。そうしたことにならないために、たとえば、「この人が○○しないなんて理解できない」ではなく、「もし彼が○○したら、どんなことが起こるのだろうかと想像しました」といった話し方ができるでしょう。

　また、**否定的なことを言ってはいけないからといって、話し手をいたずらに褒め称えるようなことも、相手を一方的に評価しているという意味では同じこと**です。たんに否定したり褒めたりするのでなく、話し手が話したことを注意深く受けとめ、その言葉に興味・関心を持ち、一緒にそこから見える風景を探究していくような姿勢を大切にします。

・**話し手-聞き手と明確にコミュニケーションを分ける。**

：第3章第3節でも触れましたが、リフレクティング・トーク固有の会話の仕組みを有効なものにするためには、話し手と聞き手の外的会話と、リフレクティング・チームの外的会話とをしっかり分けて進めることが大切です。この時、たんに直接言語的なやりとりをしないだけでなく、**視線やうなずきなど、いわゆる非言語的なコミュニケーションにも注意する**ようにしましょう。

　たとえば、話し手が話す際に、観察者が話し手のことをジロジロと凝視していれば、当然、その視線は気になります。また、話し手の特定の発言に対してだけ、観察者がうなずいたり、笑顔を見せたりする一方で、別の発言に対しては首を傾げたり、ため息をついたりすれば、そうした態度が話し手にもたらす影響は明らかでしょう。

　そうした事態を避けるために、観察者には、話し手と聞き手の会話を聞くあいだ、そこでの会話に働きかけない一定の態度をとる作法になじんでおく必要がありますし、自分たちが話すターンにおい

ても、リフレクティング・チームの会話を観察している話し手の方を見たり、同意を求めたりしないようにします。慣れるまでは難しいかもしれませんが、座席の配置や椅子の向きを工夫するなど、物理的にも工夫をこらすことができるでしょう。

　以上に詳しく見てきたリフレクティングにおける会話の作法に共通しているのは、一言で言えば、「相手に対して人として敬意をもって接する」というごく当たり前のことにほかなりません。実践の場でどのように振る舞えば良いのか迷った時には、個々の作法に形式的にとらわれることなく、会話の場でのどのようなあり方が他者への敬意につながっているのかという基本にもどって考えてみることが一番でしょう。**相手が自分に人として敬意をもって接してくれていることが感じられるとき、初めてその人もまた相手に敬意をもつことが可能になる**のです。人に敬意をもつこと、謙虚であること、この二つがリフレクティング全体を通しての基本姿勢です。

第4章　リフレクティング・トークを始める前と後の準備

4-4　会話の後の会話

　リフレクティング・トークにおける「会話の前の会話」が大切であったのと同様、「会話の後の会話」が丁寧になされることも大切です。**「会話の後の会話」とは、いわゆる一回のリフレクティング・トークが終わった後に続いていく会話**です。もちろん、一度のリフレクティング・トークが終わった後も、話し手本人が希望するならば、二回目、三回目と日をあらためて（話し手のニーズに合わせて参加者を変更したり、拡大したりすることもありつつ）リフレクティング・トークは開かれ続けていきます。そのように会話の機会が継続的に保障されていることは、話し手にとって大きな安心材料になります。信頼関係の構築も、参加者の変化も、いっぺんにではなく、そのような積み重ねのなかで徐々に生じるものです。

　ただし、「会話の後の会話」という言葉が意味するのは、二回目以降のリフレクティング・トークのことに限りません。大きく分けると、それは、ひとつには、**リフレクティング・トークが終わった後に訪れる、参加者各々の内的会話の深まりと広がり**を、そして、もうひとつには、聞き手や観察者が、**リフレクティング・トークに関するフィードバック（体験の評価）を話し手から得て、自分たちのリフレクティング実践のあり方について振り返り、学んでいく機会を得る**ことを意味しています。

　とりわけ、リフレクティング・トークにおける話し手から、きちんとフィードバックを得ることは、自分たちの会話のあり方を改善し、より良いリフレクティング実践をおこなっていくうえで大切です。もちろん、リフレクティング・トークをはじめとする各種のダイアローグ実践の手順を修得し、そのわざや力、基本姿勢を磨いていくうえでは、熟練者や専門家からの助言、スーパーヴィジョンも有益です。しかし、その会話の場のあり方を実際に全身で体感した話し手から学び、改善を試み

56

ていくことは、聞き手や観察者が、プロフェッショナルとして自分たちのリフレクティング・トークのあり方を深化させていくうえで不可欠なプロセスと言えます。そして同時に、そうした機会を持つことは、話し手が気になった点、今後は変えてほしい点などを率直に関係者に表明するための権利を保障し、その尊厳を守ることにもつながります。

たとえば、福岡少年院では、リフレクティング・トークに参加した少年が毎回、面接前後の気持ちやリフレクティングを通して感じたことを振り返るために、図のようなシートを用いています。このシート自体が、先の述べた二つの役割を担っていることがわかるでしょう。すなわち、こうしたシートに会話を通して体験したこと、考えたことを**「書く」という行為は、それ自体が話し手自身の内的会話を促進する機会**となります。同時に、こうした振り返りシートを通して、会話の場において聞き手や観察者の役割を担った人々は、**自分たちの取り組んだリフレクティング・トークが、話し手にとってどのような体験として感受されているのかに触れる貴重な学びの機会**となります。

現在、福岡少年院で用いているこのシートでは、面接前後の気持ちについては、自分のその時の表情をイメージして描く形式になっており、文章のみに比べて、より柔軟な表現が可能です。実際、これまでに集まった多数のシートには、実に表情豊かなイラストと文章が記されており、個別の会話の振り返りとしてのみならず、施設として取り組んでいるリフレクティングの全体的意義について定期的に考察し、研究する際の貴重な資料にもなっています。

2022年に開かれた日本矯正教育学会第58回大会では、福岡少年院のリフレクティング実践を紹介するポスター発表がなされました（竹下哲郎・畑田直美「当院におけるリフレクティングの取組と今後の展望について」）。そのなかで紹介された少年たちの声は、この振り返りシートにおける記述を整理したものです。このように、「会話の後の会話」は、自分たちが取り組むリフレクティング・トークが話し手にどのような効果をもた

第4章 リフレクティング・トークを始める前と後の準備

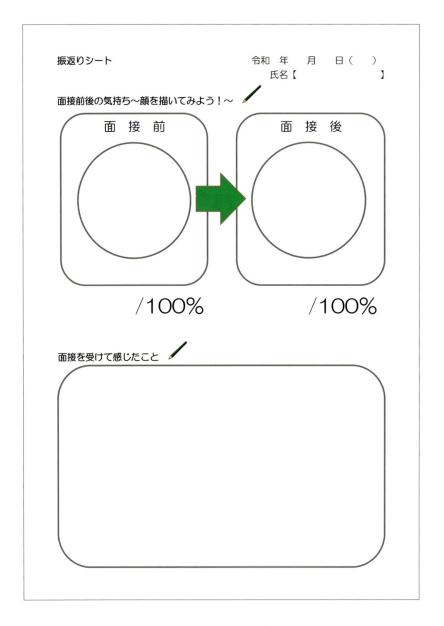

図4-4 福岡少年院でリフレクティング後に用いているシート

4-4　会話の後の会話

①話すことに対する考察	②聞く・考えることに対する考察	③客観的な視点の獲得、状況の理解	④自身の考えの整理、課題への解決方法
自分が今思っていることだったり、考えていることを素直に隠さず言えた	自分で考える時間ができるから興奮状態で話さなくて済むからいいと思った	僕は家族が大切なんだなと気付けてとても良かった	1人で処理しようとするんじゃなく、周りに迷惑をかけない方法でこれからも対処できる力を増やしていきたい
以前から話がしたかったことを話せてよかったと思いました	1度に2人の意見を聴けるのでいいなと思いました	昨日から引っかかっていたモヤモヤを客観的に少し見ることができた	もう一回自分の将来とかを見つめ直そうと思った
素直に自分が思っていることを話すことは恥ではないのかなと思いました	他の人の意見や考えが聞けてとてもためになった	自分が本当は何がしたいのかが分かった	結果として地元を1回離れたほうがいいなと思いました
否定されずに話ができるのがとても楽しい	自分の話を人がしているので聞くだけで次の言葉を考えたりしなくてよいので、ポイントになることや必要な物だけを抜きとって頭に入れるので、とても頭に入りやすかった	自分では焦っているつもりはなくても、他者からの視点はそうなんだって思った	これからどうしていくかを一緒に考えてくれて自信がつきました
	何より担任の先生以外のアドバイスを受けることができ、すごく新鮮でした	客観的な意見を簡単に理解できたり、新しい考え方も見つけられるなと思った	
	ただ聞くのに集中できたからよかった	自然と自分を客観的にみることができました	
		自分が話したことを様々な視点から振り返ることができる	

図4-5　振り返りシートの声の分析

（出典：竹下哲郎・畑田直美「当院におけるリフレクティングの取組と今後の展望について」
日本矯正教育学会第58回大会ポスターより）

第4章　リフレクティング・トークを始める前と後の準備

らすものであるのかを深く吟味していく研究の手がかりにもなっています。本書の読者にとっても、こうした話し手の声は、きっと自施設での
リフレクティング実践への背中を押してくれるものでしょう。

　また、さらに大きなスケールで「会話の後の会話」の可能性を考える
こともできます。たとえば、アンデルセンは、第2章で紹介したスウェーデンのカルマル刑務所でのリフレクティング実践を続けるなかで、
あるとき、刑務所の入所中にリフレクティング・トークを経験した出所
者たちを招いたフィードバック・ミーティングの場を開きました。この
ミーティングの場自体が、刑務所の入所者、その家族、刑務所の元入所
者、その家族、刑務所職員、行政関係者、といった複数のグループの声
を順に折り重ねていく大規模なリフレクティング・トークの構成で進め
られたことは言うまでもありません。そして、そこで刑務所でのリフレ
クティングの経験を振り返り、生き生きと話す彼らの姿を前に「これこ
そリフレクティング実践のエビデンスだ」と同席した専門職や行政関係
者らに喝破したそうです。たしかに、そこには統計データ上のやせ細っ
た数値のみには還元できない豊かなエビデンスが表現されていたことで
しょう。

　このほかにも、筆者が訪ねたノルウェーの開放刑務所では、いわゆる
経験専門家の方々が、入所者とのリフレクティング・トークのファシリ
テーターとして、刑務所の職員とともに活動していました。「経験専門
家」とは、自身の経験を専門性に練り上げて働いている専門家のこと
で、北欧では医療や福祉などさまざまな領域で、それらのサービス（病
院や福祉施設、刑事施設、あるいは、地域で提供される各種の支援等）を利用
者の立場で経験した人々が、その経験を生かして専門職として活躍して
います。

　ノルウェーのその刑務所では、元入所者である刑務所経験者（それは
同時に、刑務所内でのリフレクティング・トークの話し手の経験者であることを
意味しています）が、自身の経験を生かすために、外部のNGOから派遣

60

される形で、ときに入所者の話に丁寧に耳を傾け、ときに自身の経験を生かしたリフレクティング・チームの一員として、自分たちのアイデアを控えめに差し出していました。もちろん、彼らは刑務所の職員と対等な立場で矯正施設におけるより良いリフレクティングの取組に向けた工夫について話し合う仲間でもあります。そう、**「会話の後の会話」はどこまでも広がり、続いていく**のです。

　こうした取り組みは、日本の矯正施設においても、決して不可能ではないはずです。すでに国内の少年院でも、入所経験がある大人たちが少年院に入所している少年たちの出院後の不安や悩みについて話を聞く場が開かれています。将来的には、矯正施設でリフレクティング・トークの話し手を経験した元入所者の経験専門家たちが、新たな立場で矯正施設でのリフレクティングに参加することにも大いに期待できるでしょう。

第 5 章

リフレクティング・
トークの
進め方

のがしてなるものか

第5章　リフレクティング・トークの進め方

5-1　基本となる会話の構造

　本章では、具体的なリフレクティング・トークの進め方について、その構造と会話の流れ、参加者それぞれの役割について見ていきます。まず、本節では、基本となる会話の構造について説明しましょう。リフレクティング・トーク固有の会話の構造については、すでに本書のなかで何度か触れてきましたが、ここでは、あらためて「リフレクティング・トライアングル」という視点から整理することで、多様なバリエーションを持つリフレクティング・トークに共通する基本構造と、その組み合わせの可能性を柔軟に考えるコツを身につけていただければと思います。

　三者による最小構成のリフレクティング・トークは、トライアローグとも呼ばれます。一対一の面談ではなく、三者で「話すこと」と「聞くこと」を丁寧に分けながら会話を重ねていくことの有効性については、第3章でも紹介したとおりです。このトライアローグにおいて、それぞれの会話のターン（話し手と聞き手の会話、観察者と聞き手の会話のそれ

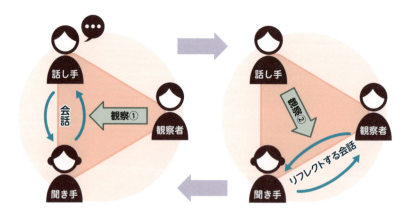

図5-1　三者による最小構成のリフレクティング・トーク

ぞれ）で生じている三角形のスペースが、筆者によって**「リフレクティング・トライアングル」と名付けられた各種のリフレクティング・トークを構成する際の単位構造**です。

　リフレクティング・トライアングルの広がりを構成するのは、最初は、話し手と聞き手による外的会話（青い両方向矢印）とその会話をながめている観察者による観察（みどりの矢印）からなる T 字型の骨格、次の段階では、聞き手と観察者による外的会話（青い両方向矢印）とその会話をながめている話し手による観察（みどりの矢印）からなる T 字型の骨格です。リフレクティング・トークをユニークなものにしているのが、目の前で展開する外的会話に直接参加せずに、その外的会話をながめながら、自由に内的会話を進めることができる「聞く」というポジションであることは明らかでしょう。とりわけ、たった今自分が話したことについて目の前でなされる外的会話をながめることのできる話し手のポジションは、自分が話した会話についての他者たちの会話を俯瞰することを通して、自分一人では到達することの難しい自己観察と気づきを可能にしてくれます。

　それはちょうど、**鏡なしには決して見ることのできない自分の顔を、他者たちの会話という鏡を通してじっくりながめるような貴重な体験**です。こうしたスペースを一対一の面談で実現するのは、とても難しいことがわかるでしょう。なぜなら、一対一の面談の場合、目の前にあるのは、あくまで自分に向かって何かを言ってくる「誰か」の顔であって、そうした他者の声や顔に応答することに手いっぱいの状況においては、そこに自分の顔を映すような余裕や余白は生じにくいためです。

　こうしたリフレクティング・トライアングルの構造とその意義を理解しておくことで、より大人数が参加するリフレクティング・トークの構成も柔軟に可能となります。たとえば、観察者として複数の人の参加が可能な場合、最初の話し手と聞き手による外的会話（青い両方向矢印）をながめている観察者は、それぞれが固有のリフレクティング・トライア

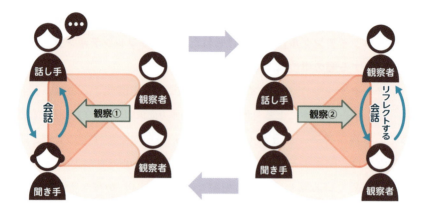

図5-2　複数の観察者がいるリフレクティング・トーク

ングルを構成していることになります。また、観察者が複数いる場合、次の段階において、聞き手はリフレクティング・チームに入らず、観察者たちリフレクティング・チームによるリフレクトする外的会話を話し手とともにながめていることができます。このとき、話し手、聞き手もまた、それぞれがリフレクティング・トライアングルを構成し、そのスペース（余白）においてじっくりと内的会話を進めることが可能になります。次章以降における説明では、図があまりに煩雑で見づらくなることを避けるため、一部簡略化した描写をしますが、実際には参加者の数だけこうしたリフレクティング・トライアングルが生じていることを忘れないでください。

　ちなみに、聞き手にリフレクティング・トークの実践経験がまだ少ない段階では、観察者を複数（あまり大人数になると会話が難しくなり、話し手の緊張も高まりますから、2～3名程度を目安に）配置することで、聞き手がリフレクティング・チームを兼ねる必要がなくなり、余裕をもって会話を進めることができます。リフレクティング・トークに初めて取り組む職員の方は、まずは経験のある観察者と一緒にリフレクティング・チームの一員として参加して、実際の会話の場を体験するのが望ましいで

しょう。その後、観察者の役割やリフレクティングの構造に慣れてきたら、リフレクティング・チームを兼ねる必要がない体制での聞き手として少し経験を積みます。そのうえで、トライアローグにおける聞き手を経験していけると、徐々に実践を重ねていくことができて安心でしょう。

　もちろん、観察者や聞き手としてリフレクティング・トークに参加する以前に、少なくとも一度は、話し手として（具体的には、職員間で自分の話を聞いてもらうかたちで）リフレクティング・トークを体感しておくことが不可欠です。当たり前のことですが、**自分自身がリフレクティングで丁寧に話を聞いてもらえたという体験を持たずに、誰かの話をしっかり聞くことなどできない**のです。詳しくは第 8 章でも紹介しますが、身近な同僚間でのリフレクティングは、風通しの良い組織づくりにおいて、実に有効ですので、まずはそこから始めてみてください。

第5章　リフレクティング・トークの進め方

5-2　基本となる会話の流れ

　第4章で紹介したように、リフレクティング・トークは、「会話の前の会話」「会話の後の会話」という前後に広がりを有した大きな会話の連なりのなかにあるものです。決して一度きりで完結しなければならないようなものではなく、話し手が望むなら、幾度でも継続的にリフレクティング・トークの場を重ねて開いていくことができます。リフレクティング・トークが重ねられていくなかで、話し手の話題の焦点が変化していったり、必要に応じて、会話の参加者が追加されたり、変化していくことも柔軟におこなわれ（必要に応じて家族や、関係機関の専門職などが参加していくことも、本人を取り巻く社会的ネットワークを編みなおしていくうえで有効です）、それに応じて、会話を通したつながりが話し手を取り巻きながら一層広がり、豊かになっていくのです。

　あくまで、そうした大きな流れの存在を忘れないようにしながら、ここでは、一回のリフレクティング・トーク内部において、基本となる会話の流れを見ていきましょう。

(1) 導入部分

　会場となる場所に会話の参加者が集まったら、まずは誰がどの席に座るか話し合っていきます。もちろん、矯正施設内では保安上の配慮を必要とする場合もあるでしょうが、少なくともその許す範囲においては、話し手がより話しやすいと感じられる席の配置を、話し手本人の希望を聞きながら調整していくことが大切です。そうした小さな一場面であっても、この場が話し手本人の尊重される場であることを表現することにつながります。

　つぎに、全員が着席したら、リフレクティング・トークをスタートする前に、まず参加者どうしの簡単な挨拶から始めましょう。参加者のな

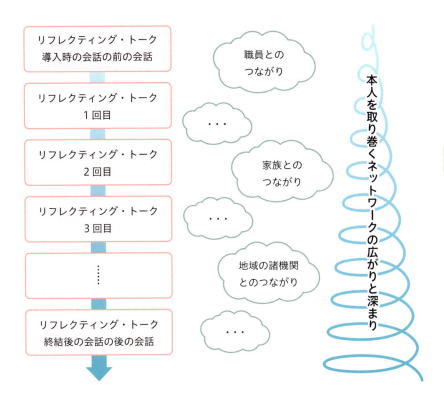

図 5-3　各回のリフレクティング・トークが位置づく大きな流れ

かには初対面の人が含まれている可能性もありますし、別の機会に顔を見たことはあっても、じっくり話すのは今回初めてという場合もあるかもしれません。その役割上、矯正施設のなかで、ふだんは入所者に対して厳しい表情を見せている職員の方も少なくないでしょうが、会話の場にそれを持ち込んでしまうと、お互いにゆったりと話せる雰囲気から遠のいてしまいます。そのため、最初の挨拶で少しでもお互いの緊張をほぐせるなら、なによりです。もちろん、不自然にへつらったり、くだけた態度をとったりする必要はありません。**当たり前の「人と人」としての会話のトーン**を心がけます。

また、この最初の段階で、この場でお互いにどう呼ばれたいのか、と

第 5 章　リフレクティング・トークの進め方

いう希望も確認しておきます。北欧であれば、敬称を付けず「トム」「タカ」などと互いにファーストネームで呼び合うのが、医療分野であれ、矯正分野であれ、こうしたダイアローグ実践の場においては自然なことですが、日常的にそのような習慣がない日本で相手の名前を呼び捨てにするのは、かえって不自然に感じられるでしょう。筆者の経験上では、お互いに「さん」付けくらいで呼び合うことを希望されるのが一般的です。また、少年院などで、ふだん職員を「先生」と呼ぶことに慣れていて、急に「さん」付けで呼ぶことに少年自身が抵抗がある場合は、もちろん無理をさせる必要はありません。

　「お互いの呼び方など些末なことだ」と思われるかもしれませんが、これはリフレクティング・トークの場に外部の力関係をできるだけ持ち込まないためにも大切なことです。たとえば、国内においては、医療の世界であれば、なぜか専門職の中でも医師だけが「先生」と呼ばれ、おのずと「先生」の発言が他の職種や患者の声以上に重んじられがちです。また、医療機関に限らず、とりわけ上の立場に位置する人を「課長」「統括」などと役職や肩書で呼ぶ傾向は、矯正組織を含め、多くの組織に根強い習慣です。

　しかし、組織での上下関係が会話の場にそのまま持ち込まれてしまうなら、どうでしょうか。たとえば、リフレクティング・チームで複数の職員が会話する際に、「統括のおっしゃるとおりで…」などと上司の発言に遠慮して、それとは異なる自分のアイデアを声に出せないようなことになれば、リフレクティングをおこなう意義は、すっかり薄れてしまうでしょう。そして、そんな様子は、話し手がその場で自分の思いを率直に話すことさえ難しくしてしまうかもしれません。

　もちろん、お互いに「さん」付けで呼び合ったからといって、それだけで、ただちに対等な関係がそこに生まれるわけではないことは明らかです。表面的にただ敬称を付けたとしても、実際に相手に対してそのような気持ちがなければ、そんな思いは透けて見えますし、かえって気持

ちの悪いことになりかねないでしょう。肝心なことは、**この会話の場で
どんなふうに呼んでほしいのかを尋ねることを通して、この場がお互い
を尊重し、尊重されるような場であるようにしていきたいという姿勢を
表現する**ことなのです。そして、それは決して小さなことではありませ
ん。

（2）話し手と聞き手の最初の会話

　ひととおり参加者どうしの挨拶が終わり、場の雰囲気もやわらいでき
たら、いよいよリフレクティング・トークに入っていきます。最初に会
話するのは、話し手と聞き手です。それ以外の観察者の立場をとる人た
ちは、言語的にも、非言語的にも、話し手と聞き手の会話に干渉しない
ように気をつけます。ここで、「非言語的にも干渉しない」ということ
が具体的に意味するのは、直接話しかけたりしないだけでなく、たとえ
ば、話し手の顔をジロジロと見たり、話し手の発言にいちいち頷いた
り、表情を変えたりしない、ということです。そんなことをすれば、話
し手は気が散ってしまうでしょうし、何かを話すことに不要なプレッシ
ャーを与えてしまうことになるでしょう。この場面では、観察者は植物
のように気配をしずめて、耳を澄ませながらただそこにいることを心が
けます。

　さて、最初の話し手と聞き手との会話で、聞き手はどんな言葉から始
めることができるでしょうか。ついやりがちなのが「どんな問題があり
ますか？」「困りごとは何ですか？」と尋ねてしまうことです。しかし、
そのように尋ねられると、「問題」や「困りごと」を話さねばならなく
なってしまいます。あくまで、リフレクティングは話し手が話したいこ
とを話せる場です。話し手の話の内容や方向を聞き手が勝手に限定して
しまわないように気をつけましょう。そのために、たとえば、**「この時
間をどんなふうに使いたいですか？」と方向性を限定せずに尋ねる**こと
ができるでしょう。

第5章　リフレクティング・トークの進め方

　また、この時点で、今日のリフレクティング・トークの終了時刻について、あらかじめ伝えておくことで、話し手側も一定の心づもりを持って会話に臨むことができます。最初にそのような確認ができていると、終了時刻になってから急に話を中断することになり、「話の途中で急にリフレクティングが切り上げられてしまった」と話し手が不全感を抱えるのを避けることができるでしょう。ですから、最初の聞き手の言葉は、たとえば、「今日は、三時半まで○分くらい時間がありますが、この時間をどんなふうに使いたいですか？」と始めることができます。

　話し手が話し始めたら（もちろん、相手がすぐに話し始めなくても、焦らずに待ちます）、聞き手は丁寧に聞くことに集中します。このとき、第4章第3節でも述べたとおり、聞き手は、話し手が話すことや考えることを邪魔しない、妨げないことが大切です。適度な相槌や、話についていくための確認や質問、沈黙の共有などを臨機応変におこないながら、話し手の繰り広げる会話の世界に同行し、その風景を一緒にながめるイメージを心がけましょう。もちろん、何らかの問題の解決策を示そうとして、焦る必要はありません。

（3）リフレクティング・チームへの会話の転換

　ひとしきり話し手が話せた様子なら、聞き手はそこまでの話について「ここまで伺ってきて、○○について□□と感じているけれど、同時に、……ということを話していただいたのかな、とお聞きしたのですが、私がどこか誤解しているところや、付け加えておきたいことはあるでしょうか」というふうに、話し手に確認してみましょう。話し手から、「そこはそうじゃなくて…」と訂正があるかもしれませんし、あるいは、「一つ付け加えたいことがあって…」と言い忘れたことが話されるかもしれません。こうしたプロセスもまた、丁寧に聞くことの一部です。

　そのうえで、「ここまでのお話を聞いていた観察者の人にも、いくつかアイデアが浮かんでいるのではないかと思いますが、聞かれてみたい

ですか、それとも、もう少し話されたいですか」と話し手に尋ねてみます。話し手が「聞いてみたいです」とのことであれば、そこでリフレクティング・チームに会話を転換します。くれぐれも、**聞き手の独断で話し手を置き去りしてリフレクティング・チームに話を振るようなことは慎みましょう。**

（4）リフレクティング・チームの会話

　観察者が 1 名のみのトライアローグの場合、リフレクティング・チームは自動的に聞き手と観察者の 2 名で構成されます。一方、観察者が 2 名以上いる場合は、観察者のみでリフレクティング・チームを構成することもできますし、聞き手も入って一緒にリフレクティング・チームを構成することもできます。聞き手がリフレクティング・チームに入るか入らないかについては、話し手の希望を尋ねることができます（たとえば、「できるだけたくさんの人の考え方を知りたいので、聞き手もリフレクティング・チームに入ってほしい」と話し手が希望する場合もあります）。同時に、聞き手がリフレクティング・トーク自体にまだ十分に慣れていない場合は、聞き手とリフレクティング・チームの両方の役割を担うことは、負担が大きく感じられる可能性もありますから、そのような場合は、複数の観察者を準備して、聞き手はリフレクティング・チームに加わらない形で進めることが考えられます。

　リフレクティング・チームの会話に切り替わったら、まず、チームのメンバーのみで会話の輪を構成するように椅子や身体、顔の向きを変化させます。これは、話し手がリフレクティング・チームの会話に参加せず、その様子を外側からながめていられるようにするための工夫です。当然、リフレクティング・チームのメンバーで会話する際には、話し手に目線を向けたり、問いかけたりしません。このように**二つのチーム（面接チームとリフレクティング・チーム）の会話を丁寧に分けることで、話し手にとっての内的会話のための「間」が確保される**ことになりま

第 5 章　リフレクティング・トークの進め方

す。

　いよいよリフレクティング・チームの会話が始まった際、それまで観察者の立場にあった人は、もしかすると急いで思い浮かんでいるアイデアを話したくなるかもしれません。しかし、それぞれの観察者が最初に話すべきことは、自分が話し手のどんな言葉を聞いたのか、どの言葉が印象深く感じられたのか、ということです。そこを端折って自分のアイデアを話し始めてしまうなら、それをながめている話し手は、何か自分とはかけ離れた話がそこで展開されているような気持になるでしょうし、自分の話が丁寧に受けとめられていないと感じるでしょう。

　あまり厳密に形式化してしまう必要はありませんが、おおまかには、**①自分は話し手が何を話していたのを聞いたのか（とくに印象に残った言葉や表現は何か）、②その言葉や表現からどんなイメージを思い浮かべたのか、③それらの言葉やイメージは、自分にとってはどんな感じがするものか、④そこでどんなアイデアを考えることができたのか**（一つではなく複数、正反対であるようなアイデアも並べていきます）、といった順で話していけると良いでしょう。

（5）話し手と聞き手の会話への転換

　リフレクティング・チームのそれぞれが自分のアイデアをその場にそっと並べていき（決して話し手に押しつけるような話し方はしません）、**互いのアイデアについて少し会話したら、あまり長引かせることなく、話し手と聞き手に会話のターンを戻します**。リフレクティング・チームの役割は、あくまで話し手の内的会話にとって、何かのとっかかりとなるかもしれない多様な切り口をそこに提示していくことであって、そこで議論して「正しい」解決策を決めるようなことではありませんから、いたずらにリフレクティング・チームが話し続ける必要はありません。

　もちろん、話し手と聞き手に会話のターンがまた一段落して、再度リフレクティング・チームの会話を聞くことを話し手が希望した場合に

は、またそこでの会話に応じたリフレクティング・チームの会話をおこなっていきます。この行き来は、小一時間で平均して2〜3往復くらい生じることが多いですが、必ず〇回実施しなければならない、というものではありません。あくまで話し手の会話のペースと希望に沿って、無理のない範囲でおこないます。

(6) しめくくり部分

　リフレクティング・トークは、必ず話し手と聞き手の会話のターンで終わります。予定した終了時刻を踏まえつつ、そろそろ最終ターンになりそうであれば、「時間的に、このターンで今日のリフレクティング・トークは一段落ということになります」と聞き手から話し手に伝え、そこからしめくくりの会話に入っていきます。もちろん、今回のリフレクティング・トークでは話しきれなかったこと、話しているうちに新たに湧いてきた別の話したいことなどが話し手の内には生じているかもしれません。そのため、**しめくくり部分では、今後も希望すれば、こうした会話の機会が確保されることをしっかりと伝え、話し手が安心して会話を終えられるようにします。**

　しめくくりの部分では、まず今日のリフレクティング・トークを通して、どんなことを感じられたのか、話し手に振り返ってもらう時間を確保しましょう。もちろん、ここでも無理に発言を引き出そうとはせず、あくまで話し手のペースで話してもらうことが大切です。ここでの会話は、あらためてこの時間に切り拓かれた（話し手自身が切り拓いた）その日の話題をめぐる新鮮な景色と、そこにいたる会話の旅をともに歩んだ会話の参加者たちの貢献を再確認するためのものです。聞き手は、この会話を通して生じた話し手を含む参加者たちの変化を敏感に受けとめながら、そのことを認める役割を担います。

　もちろん、たった一回のリフレクティング・トークではっきりとした成果や、わかりやすい目に見える変化を求めることには無理がありま

す。たしかに、ときには、明確な変化が生じているように見える場合もあるでしょうが、大切なことは、じっくりと大地に水と空気が浸透していくように、ぱっと見はわからなくても、会話の積み重ねを通して、徐々にその会話の場が生き生きしたものへと育っていくことです。**話し手から「また続きを話したいです」「今日の話とは別に、いつか話したいことがあります」と会話を継続する意思が示されたなら、その会話には十分な意味があった**と言えるでしょう。

　また、ときには、ここでの会話を通して、今後のリフレクティング・トークに新たなメンバーを加えるという選択肢が見えてくる場合もあります。たとえば、「今日のような話を母親ともしたいけれど、面会時に一対一だとうまく話せない」ということであれば、リフレクティング・トークへの母親の参加を検討・打診することもできるでしょう。もちろん、必要に応じて矯正施設以外の関係機関の専門職を交えたリフレクティング・トークをおこなうことなども考えられます。詳細の決定については、その場では難しいことも多いでしょうから、まずは次回の会話の場に向けて、話し手がどんな希望を持っているのかを確認しておけると良いでしょう。

第6章

入所者とのさまざまなリフレクティング・ミーティング

第 6 章　入所者とのさまざまなリフレクティング・ミーティング

　前章までの説明を踏まえ、本章では、実際にリフレクティング・トークを用いた入所者とのさまざまな会話のバリエーションとそこでの会話事例を紹介していきます。もちろん、ここに示す文章のとおりに話す必要はありませんし、実際の会話はシナリオどおりには進まないでしょう。ともあれ、本章を通して、それぞれのリフレクティング・トークのバリエーションにおける基本手順や注意点などを確認しながら実践を重ねていくことで、徐々に自分自身やそれぞれの施設、具体的な場面にフィットしたリフレクティング・トークが可能になっていくことと思います。

　リフレクティング・トークに慣れてくれば、いずれは、本章で紹介したバリエーションを超えて、各々の現場のニーズに合わせた新たなリフレクティング・トークを発明することもできるようになるかもしれません。無理をする必要はありませんが、まずは、入所者とのさまざまなミーティングの機会に基本型となるベーシックなリフレクティング・トークを取り入れてみて、ぜひその感覚を味わってみてください。

　以下、実践の具体的なイメージを持って読み進めることができるように、また、本書の付録として添付した動画教材も並行して参照できるように、事例については、少年院における一人の少年をめぐるリフレクティング・トークの積み重ねとその展開を基本としながら、多様な可能性を有するリフレクティング・トークのバリエーションを紹介していきたいと思います。

〔本書と動画教材との対応〕

本書の構成	付録動画の対応場面
6-1　入所者を話し手とする基本型となる会話	基本型となる会話
	不適切な会話の作法
6-2　支援者の心配事から始まる会話	支援者の心配事から始まる会話
6-3　入所者家族を交えた家族関係を育む会話	家族が参加する会話
6-4　多様な関係者や関係機関を交えた会話	多様な関係者や関係機関を交えた会話

〔本章における登場人物プロフィール〕

少年A

18歳男子。高校時代から不良仲間と交友。学校で問題を起こし、高校を中退。次第に家に帰らない日が増えるなかで仲間と窃盗。保護観察処分を付された後も不良仲間との付き合いを継続し、不良措置により少年院収容にいたる。

職員B

少年Aの寮担任の法務教官。
施設におけるリフレクティング・プロジェクトのリーダー。

職員C

職員Bの先輩の法務教官。
職員Bとともにリフレクティング・プロジェクトのコア・メンバーとして実践に取り組んでいる。

少年の母親D

ひとり親として仕事をしながら家庭を支える。
少年Aの友人関係について心配している。

保護観察官E

少年Aの担当保護観察官。
保護観察所でリフレクティング研修の受講経験あり。

第 6 章　入所者とのさまざまなリフレクティング・ミーティング

6-1　入所者を話し手とする基本型となる会話

　まず紹介するのが、入所者を話し手とする基本型となる会話です。話し手となる入所者と聞き手となる職員、観察者となる職員の三者からなる最小構成のリフレクティング・トーク（トライアローグ）については、すでに前章でも触れていますから、おそらく大まかなイメージは湧いていることと思います。この基本型での会話は、リフレクティングを希望する話し手と職員二人がいればすぐに実践できますし、どんな場面やタイミングでも幅広く活用できるものです。この基本型での実践を積み重ねていくことで、次節以降に紹介する**応用的なバリエーションにおいても一貫している、「聞くことと話すことを丁寧に分ける」「相手を尊重する姿勢を保つ」**といった、リフレクティングの背骨がまさに皆さんの「身につく」ことになりますから、ぜひ「隙あらば実践」というくらいの気持ちで取り組んでみてください。

　なお、第 4 章第 1 節で述べたように、話し手に対して事前にリフレクティング・トークの趣旨や基本的な進め方を説明しておくこと、その場の設定についての希望（参加する職員の人選を含めて）を確認しておくことは、大切なプロセスですから、くれぐれも矯正施設側の都合でそこを曖昧にしたり、端折ったりしないように気をつけましょう。

(0)　はじまりの会話

B：こんにちは。皆さん今日はどうぞよろしくお願いします。部屋は寒くありませんか？

A：よろしくお願いします。僕は大丈夫です。

C：よろしくお願いします。また寒くなったら暖房を入れましょうかね。

B：それでは、今日は A さんが話し手ということになりますが、どの席がよさそうでしょうか？

A：えっと、どこでも大丈夫ですけど、じゃあ、この席で。

B：じゃあ、今日は私が聞き手なので、こちらに座りますね。Cさんは、そちらにどうぞ。リフレクティングについて、Aさんは初めてになりますが、少し緊張していますか？

A：いえ、大丈夫です。どうやったらいいか、まだよくわかっていませんが…

C：私もまだそんなに慣れていませんが、ここでは、今Aさんが話したいことを話せば大丈夫ですから安心してください。何かを注意されるような場ではないので、Aさんも私たちも気を楽にして過ごせるといいな、と思います。

B：そうですね。会話の進め方についても心配なことや気になることがあったら、遠慮なく言ってください。基本的には、先日の説明の際にお伝えしたように、最初にAさんの今話したい話を私が聞き手として聞いていきます。そのあいだ、Cさんは私たちの会話には参加せず、ただ聞いています。Aさんの話が一段落したところで、今度は、Cさんと私でAさんが話してくれたことについて、どんなことが思い浮かぶかを話していきます。そのあいだ、Aさんはリラックスしていて大丈夫です。

A：そのとき、僕はただ聞いていたらいいんですか？

B：はい。聞いていてもいいし、無理に集中して聞かなくても大丈夫です。そのとき自分が考えたいことを自由に考えておいてください。なので、私たちの話は聞き流しても大丈夫です。Cさんと私が話したあとは、また私がAさんの話をお聞きします。そんなふうに交互に進んでいきますが、途中で何か気になることがあったら、いつでも言ってくださいね。

A：わかりました。

> **ポイント**
> - リフレクティング・トークに入る前に、参加者がそろったら全員で軽く挨拶や調子の確認などして、お互いの緊張をほぐします。
> - 座る場所は、話し手が話しやすい席を選べるようにします（ただし、矯正施設においては、保安上の配慮が必要な場合も考えられますので、可能な範囲で適宜検討してください）。
> - 話し手が初めてリフレクティングに参加する場合は、リフレクティング・トークにおける会話の進め方をあらためて簡単に確認します。このときも、一方的に指示・命令するような説明の仕方ではなく、相手の不安をやわらげることを心がけましょう。

(1) ターン1：話し手と聞き手の会話1回目　①導入部分

B：では、リフレクティングを始めたいと思います。今日は15時まで、今から40分ほど時間がありますが、Aさんはこの時間をどんなふうに使いたいですか？　話してみたいことや、気になっていることはあるでしょうか？

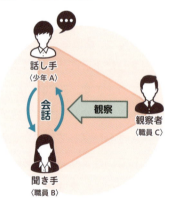

A：……そうですね……。今気になっているというか、ちょっと不安なことがあって、この場を希望したんですが…。この少年院に入って、まだそんなに経ってないんですが、やることとか覚えないといけないことが結構多くて…。この先、やっていけるのかな、という感じがして、モヤモヤしていて…。それについて話したいです。

B：やることとか覚えないといけないことが多くて、この先、やっていけ

るのかな、と。

A：はい。まだ先がだいぶ長くて、進級とかもできるのか不安だし…。

B：不安…。その不安ということについて、もう少し教えてくれますか？

A：…先が見えない感じというか…、何からやっていけばいいのかな、と
…。

（以下、AとBの会話が続くが省略）

ポイント

• まず、聞き手から今日の会話の終了時間の目安を伝えておくことで、この会話の場の一定の枠について話し手と共有することができます。

• 聞き手からの最初の投げかけは、できるだけ話し手の話題の方向を限定してしまわないような大きな問いを心がけましょう。「この時間をどんなふうに使いたいですか？」というのは、リフレクティングを創始したアンデルセンが使っていた最初の問いかけです。

• 話し手がすぐに話し始めなくても、聞き手は、「たとえば、○○はどう？」「△△についてはどう思っているの？」とあまり急いで質問を重ねたりせず、自然に話し手の言葉が出てくるのを待ちましょう。リフレクティングにおける会話のペースは、ふだんよりもゆっくりと進めることを意識します。

• 聞き手は、自分の聞きたいことを一方的に質問するのでなく、あくまで話し手の話に沿いながら、話し手が話したいことを一緒に深めていくことができるように、興味を持って相槌、問いかけをしていきます。「その○○ということについて、もう少し教えてくれますか？」という質問は、そのために有用です。

• ここでの聞き手の役割は、あくまで丁寧に聞くことです。何かを指導しようとしたり、解決策を提示したり、自分の考えを語ることについては、できるだけ控える姿勢を保ちましょう。

• ターン1のあいだ、観察者の立場にいる人は、話し手と聞き手の会話に一切介入しません。直接、話しかけることばかりでなく、話し手の顔を凝視したり、大きく頷いたり、首をかしげるといった身振りも、話し手に対して大きな影響を及ぼすことになりますから、ただじっと静かに耳を傾けます。

（2）ターン1：話し手と聞き手の会話1回目
②ターン1の終わりとターン2への転換

B：今、ここまでAさんが話してくれたことについて、私が理解できているか、少し振り返らせてくださいね。Aさんは、少年院に入ってから、まだそんなに経っていないなかで、この先やっていけるのかな、と感じている。やる気はないわけではないのだけれど、覚えることも多くて、ミスしてしまうこともあって、この先、大丈夫だろうかと不安な気持ちが生まれている。そんなふうにお聞きしましたが、そういう理解で大丈夫でしょうか。私が誤解している点があったら教えてくださいね。

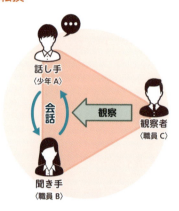

A：あ、そのとおりです。それでモヤモヤした感じになっています。

B：モヤモヤした感じ…。今何か付け加えたいことなどは、ありますか？

A：いえ、話してみて、自分はそういう感じなんだと、あらためて思いました。

B：ここまでの話を聞いてくれていたCさんにも、何か浮かんでいるかもしれませんから、もしよければ、私とCさんで少し話をしてみることもできますが、いかがでしょうか。

A：はい、お願いします。

B：では、Cさんと私で話をしていきますから、Aさんはリラックスしていてくださいね。集中して話を聞いておかないといけない、ということではないので、聞いてもいいし、聞かなくてもいい、くらいの感じで、楽にしておいてください。

> **ポイント**
> - 話し手の話が一段落したところで、聞き手はそこまでに話されたことについて振り返ります。これは、話し手に対して厳密に発言内容を念押しすることが目的ではありません。聞き手の側に誤解や勘違いが生じていないか、また、話し手の側に補足したい内容がないか確かめることが目的です。さらに、自分が話したことを聞き手の口からあらためて聞くことで、話し手の内的会話も促されます。
> - 話し手と聞き手のターンから、聞き手と観察者のターンに転換する際には、聞き手が一方的に進めてしまわず、話し手がそれを希望するのか、必ず確認してからおこないます。こうした丁寧な確認が話し手を尊重する姿勢につながります。

(3) ターン2：観察者と聞き手の会話1回目

B：さて、Cさん、今Aさんと私の会話を聞いているあいだに、どんなことが思い浮かばれたでしょうか？

C：今の会話でとくに印象に残ったのが、Aさんが「不安」という言葉を何度も使っていたことです。同時に、「この先」「先のこと」という言葉も印象的でした。それって、

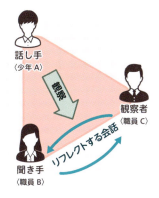

この先のことを自分がちゃんと頑張れるのか、Aさんがいろいろと考えているからこそ出てくる言葉なのかもしれないな、と。そうすると、もう少し具体的に、たとえばどんなことが不安になっているのか、たとえば、集団生活のことが気になるとか、勉強のことが心配とか、実習がうまくできるか不安とか、どんなところに不安があるのかなぁ、というのが聞けるといいかもしれないと感じました。あとは、

第 6 章　入所者とのさまざまなリフレクティング・ミーティング

　　　前向きに先のことを考えているからこそ不安を感じる、というのもあ
　　　るのかな、とも思いました。

B：そうですね。私も A さんの話を聞いていて「不安」という言葉は印
　　象に残りました。同時に、今の状況について何とかしたいという思い
　　があるからこそ、こうしてリフレクティングにも参加してくれている
　　のかな、とも考えていました。もちろん、それはあくまで私の想像に
　　すぎないわけですが…。それから「ミスしてしまう」ということにつ
　　いても話してくれていましたが、まだここに来てそんなに経っていな
　　いのだし、そういうことが多少あるのは無理もない気がしました。同
　　時に、「頑張ろうとはしている」とも言っていたので、ミスするとい
　　うこと、あるいは、ミスして注意をされる、ということについて A
　　さんはどんなふうに感じるのかな、というのも尋ねてみたい気がしま
　　した。

　　　　　　　　（B と C の会話が続くが、途中省略）

C：私の方で思い浮かんだことは、だいたいそのようなところです。

B：では、また A さんと私で話していきたいと思います。

ポイント

- 観察者と聞き手の会話のターンになったら、聞き手と観察者は椅子や身体の向きを変え、話し手の方は見ないようにして、自分たちだけで会話をおこないます。

- ここで、それぞれが最初に話すのは「話し手がたった今具体的にどんなことを話していたのか」ということです。このとき、話し手の表現を勝手に自分の表現に変えないようにします。「要は△△だね」などと独断的にまとめてしまうと、話し手は、自分の言葉をきちんと受けとめられたと感じられません。たとえば、最初に、「Aさんの○○という言葉が印象に残りました」といった話し方ができるでしょう。

- 話し方は、断定的でなく推量的な形を基本とします。たとえば、自分のアイデアを述べる際は、「…すべきだ」「…に決まっている」「要はこの人は…だね」といった言い方はせず、「もしかすると…かもしれないと私は思いました」「私には…という感じがしました」「…についてはどうなんだろう、と考えました」というふうに、話し手に向かって投げつけるのではなく、そっと自分の足元に置いていくように話します。

- ここでの会話において、観察者と聞き手が意見を一致させたり、議論して結論をまとめたりする必要はありません。むしろ、それぞれが異なる視点から、できるだけ多くの気づきや問いを開いたままに、その場に置いていくように話す方が、話し手の内的会話は促されます。

- 聞き手と観察者からひととおりアイデアが述べられたら、あまり長引かせずに（長引くほど、話し手の話から遠のいてしまいがちです）、また話し手と聞き手の会話にもどします。

（4）ターン3：話し手と聞き手の会話2回目

B：今Cさんと私が話しているあいだに、なにか思い浮かんだことなどありますか？

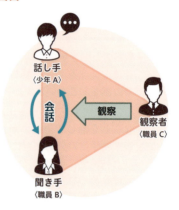

A：…（沈黙）…怒られることについて、話したくなりました。今までいくつか仕事してきて、そこでミスして怒られたことがあって…、それで落ち込んだり、結局、仕事をやめたり。今までは、まあ、仕事をやめれば、そこで終わりで、友達と遊んだりとか、気分を変えることもできていたけど…、ここでは、いやでもここにいないといけないじゃないですか…。それで、切り替えられないというか、逃げ場がないというか…。そういうところから不安が来ているのかな、とも思いました。

B：仕事でミスしたときに怒られたことがあって、そのときは仕事をやめたり、友達と遊んだりできた。「切り替え」というのは気分転換ができたという感じですか？

A：はい。外ではそんなふうにできたけど、ここでは逃げ場がないので…途中でやめたりできないから、切り替えができなくて…、一時的には、やる気があって頑張れても、この先ずっとそれを続けていけるか、というのがわからなくて…。

（AとBの会話が続くが、途中省略）

B：ここまで、社会で仕事をしている時の経験として、ミスして怒られることなどがあったら、やめることで切り替えることができたけれど、ここでは逃げ場がないと感じていること。そのため、この先、少年院で何かミスをしたら、という不安があることを話してくれたように思いますが、私が誤解しているところや付け加えたいことがあれば教え

6-1 入所者を話し手とする基本型となる会話

てくださいね。

A：そういう感じです。自分がどうして今、不安を感じているのか、少し整理できたような気がします。こうして自分の心配を誰かに、たとえば、親とか先生たちに話せるといいのかもしれません。

B：少年院のなかでも、誰かに話せるといいのかもしれない。たしかにそうですね。では、ここでまたCさんと私で話をしてみることもできますが、いかがでしょう。

A：はい、お願いします。

B：では、また楽にしておいてくださいね。

ポイント

- 話し手と聞き手の会話にもどす際、聞き手から「今の○○という意見についてはどう思いましたか？」といった話を方向づけてしまう質問はせず、ただ思い浮かんだことを自由に話してもらうようにします。そうすることで、話し手は自分の内的会話の展開に沿って話し始めることが可能になります。

- 会話において、話し手がすぐに話し始めないときにも、今まさに話し手の内的会話が進んでいることが考えられます。聞き手の側が焦って急かすことなく、自然に話が始まるのを待ちましょう。リフレクティングにおいては、沈黙も大切な会話の一部です。

- ときには、話し手と聞き手の最初の会話や、観察者と聞き手の会話の内容からは、かなり飛躍しているようにも見える話題が話し手から出てくる場合もあります。こうした大きな話題の展開もリフレクティングによる効果の一つです。その時の話し手の話に沿いながら、落ち着いて話を聞いていきましょう。

(5) ターン4：観察者と聞き手の会話2回目

B：今Aさんと私の会話を聞いていただいているあいだに、何か思い浮かんだことがあるでしょうか。

C：そうですね…。Aさんの話のなかで、仕事で怒られていやになったときに、やめちゃうとか、友達のところに行って遊んじゃうという話があったと思うんですが、言葉が適切かわかりませんが、今まではいやなことがあると逃げちゃうようなところがあったのかもしれないな、と。ただ、こうして話してくれているというのは、Aさん自身、それでいいと思っているわけではないようにも感じられました。もしかすると、そういう二つの思いのあいだで、今悩んでいるのかもしれないですね。

B：私は、Aさんが自分の心配について、ここでも誰かに話せるといいのかもしれない、と話してくれたことが印象に残っています。これからも、こうしてリフレクティングの場で話すこともできるでしょうし、話しやすい先生と個別に話したりすることもできるので…。

C：そうですね。きっといろんな選択肢をAさん自身が選ぶことができるのかな、と思います。少年院での生活が始まったところですし、今まさにAさん自身がそういうことを考える時期ということなのかもしれません。

B：誰かに話すことで少し楽になったり、整理できたりするというのは、私自身の経験でも結構ある気がしています。もちろん、Aさんの希望次第ですが、Aさんには、これからも話したいことがあれば話してほしいし、Aさんの希望を聞きながら、そういう機会をつくっていけるといいのかな、と思っています。そのほか、Cさんから何かいかがで

しょうか。

C：いえ、私の方は大丈夫です。

> **ポイント**
>
> - 話し手に対して、少し強く響くかもしれない言葉（上の例では、「いやなことがあると逃げちゃう」）を用いる際には、「こういう言い方が適切かどうかわかりませんが…」といった控えめで慎重な話し方を心がけます。相手のことを決めつけるような強い言い方はしないように注意しましょう。
> - ターンが重なるごとに、観察者と聞き手の会話は短くなって構いません。リフレクティング・トークのしめくくりは、必ず話し手と聞き手の会話で終わるため、そのための時間が確保できるように留意します。

（6）ターン 5：話し手と聞き手の会話 3 回目　会話のしめくくり

B：さて、はじめに終了時刻をお伝えしていましたが、時間的にはこのターンで今日の会話はしめくくりということになりそうです。まずは、C さんと私が話しているあいだに思い浮かんだことはありますか？

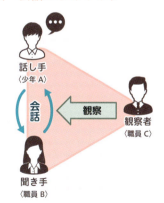

A：そうですね…。今の話を聞いていて…、最初にモヤモヤした気持ちというのがあったんですけど、それが今の状況から逃げ出せるなら逃げたいという気持ちと、今までそういうことを繰り返してきたなかで、今ここまで来ているというのもあって、ここで何とか変わらないといけないような気持ちもあって…。それがモヤモヤしているという

第6章　入所者とのさまざまなリフレクティング・ミーティング

　　感じなのかな、と。いま具体的にどうすればいいかまでは考えきれて
　　ないんですけど…、たとえば、親に手紙を書いてみるとか、ここの先
　　生たちに相談するとか、そういうことをしていけばいいのかもしれな
　　いな、と思いました。

Ｂ：うん…。では、あらためて少し今日の話を振り返ってみると、最初
　　は、この先やっていけるのかというモヤモヤした感じがあって…、そ
　　れがもしかすると、いまの状況から逃げ出したいという気持ちと、こ
　　こで何とか変わらないといけないという気持ちが、こう…何か戦って
　　いるような感じで…。

Ａ：（深く頷く）はい。

Ｂ：そして、今は、親に手紙を書くとか、先生に相談するとか、そういっ
　　た方法も取りながら、少しずつ考えていけるといいかな…と。そんな
　　感じで合っているでしょうか？

Ａ：そうですね。

Ｂ：そうですか。では、今日こうしてＡさんの思いを聞くことができた
　　ということで、ひとまず本日のリフレクティングは一段落となります
　　が、何か付け加えておきたいことなど、ありますか？

Ａ：今は大丈夫です。できれば、次は親とのことについて、またこういう
　　感じで話したいんですが…。実は、ちょっと親との関係で気になって
　　いることがあって。

Ｂ：はい。もちろん、Ａさんが希望すれば、またこんなふうにして話をす
　　る機会をもつことができます。次回の日程やメンバーについては、ま
　　た一緒に相談していきましょう。

Ａ：はい。ありがとうございました。

92

ポイント

- しめくくりの会話では、まず聞き手から話し手に、これが最後のターンであることを伝えるようにします。これにより、話し手にも会話が一段落に向かいつつあることが共有されます。
- 聞き手は、今日の会話の流れについて、話し手とともにあらためて振り返り、どんなことが話され、どんなことが見えてきたのかを確認します。このとき、無理に明確な方針や落としどころを意識はせず、ただ丁寧に今日の会話を振り返るようにします。
- しめくくりの会話では、話し手が今後もリフレクティングを希望するのかどうかも確認しましょう。話し手が、必ずしもその場で明確に希望を示さなくても、いつでも希望すれば、話せる機会があることを伝えておくことで、安心感を提供することができます。

ねがい では ある？

6-2　支援者の心配事から始まる会話

　この会話は、前節に見た入所者を話し手とする基本型となる会話と、会話の基本構造自体は似ていますが、入所者ではなく、支援者である職員が自身の心配事を話すユニークなリフレクティング・トークです。この会話が国内の矯正現場で生まれたきっかけは、福岡少年院において、一人の少年への支援のあり方について「このままでいいのだろうか？」と悩みを抱えていた法務教官とのお話でした。

　このとき、少年自身には、とくに心配事を話したい様子はなく、リフレクティング・トークの希望も出ていませんでした。一方、この少年にかかわる法務教官は、少年の様子に気になるところがあり、現状では、法務教官として適切な支援が十分にできていないように感じていました。おそらく、こうした状況は矯正の現場において珍しいことではないでしょう。こうしたとき、つい、何とかして少年の「問題点」について本人に話させたい、という気持ちが湧いてくるかもしれませんが、本書ですでに紹介したとおり、リフレクティングには、「話したい人が話す」「話したくない人は無理に話させない」という大前提があります。そのため、法務教官としては、少年の話が聞きたくても、リフレクティングでこの少年に話してもらうのは難しいだろうと考えていたわけです。

　筆者はその話を聞いてすぐに、北欧フィンランドで実践されている「支援者が自身の心配事を話す（Taking up one's worries）」ダイアローグ実践のことを思い浮かべました。この方法は、オープンダイアローグの中心的人物として知られるヤーコ・セイックラの盟友の一人トム・アーンキルらによって開発されたものです。この実践の最大のポイントは、**被支援者側の問題に注目するのではなく、専門職である支援者が自分の主観的な心配を取り上げ、その心配を減らすのを手伝ってほしいと被支援者や他の支援者に頼む**ところにあります。そうすることで、「話した

い人が話す」というリフレクティングの基本を大切にしながら、関係者との会話の場を開くことができます。

　実際に取り組んでみると実感されるでしょうが、被支援者（矯正施設であれば入所者）の問題に焦点を当てたり、その人を非難したりするのでなく、あくまで自分の心配事に焦点を当てながら助けや協力を求めるというのは、支援者の立場にある人にとって、なかなか難しいものです（医療や福祉の現場の専門職もそうですが、矯正職員として、入所者を助けたり、指導したりすることには慣れていても、自分が助けてもらうことには慣れていない、という人も少なくないでしょう）。

　しかし、第2章でも紹介したとおり、そもそもリフレクティングは、支援者と被支援者との固定した関係を大きく転換するところから始まったのです。硬直した一方的な関係を揺るがすことで、驚くような変化が生じることも少なくありません。実際、福岡少年院で実施された支援者の心配事を話すリフレクティング・トークは、法務教官にとっても、入所する少年にとっても、大変ポジティヴな変化を生み出すものでした。こうした会話は、すでにリフレクティングで話し手を経験している入所者とも、必要に応じて適宜、おこなうことが可能です。

　ただし、この会話をおこなう際に忘れてはならないのが、助けや協力を求める支援者の姿勢にウソ偽りがないことです。**本当は相手（被支援者である入所者）に問題があるのだと思いながら、相手への非難を隠して、上っ面だけで「自身の心配事」を話したとしたら、それは相手にも簡単にウソ偽りの茶番だと感じ取られてしまう**でしょう。すなわち、この会話に臨むにあたって、話し手となる支援者は、真剣に自分の心配事に向き合い、自分が周囲の協力を必要としていることをよく考えておかねばなりません。そうすることは、支援者が真摯に自分自身と向き合う勇気を発揮することを意味しています。実際、自分に向き合うほど勇気のいることはなかなかありませんから、そのような経験は、支援者としての自分をひとまわり成長させることにもつながるでしょう。

第 6 章　入所者とのさまざまなリフレクティング・ミーティング

　以下では、すでにリフレクティングで話し手を経験している入所者（少年 A）への支援について、最近、心配事を抱えている職員 B を話し手とする会話の事例を見ていきましょう。なお、この会話において聞き手となる職員 C は、少年 A、職員 B の双方と一定の信頼関係を築いている人であることが望ましいのは、言うまでもありません。

(0) はじまりの会話

C：こんにちは。皆さん今日はどうぞよろしくお願いします。

B：よろしくお願いします。

A：よろしくお願いします。

C：さて、今日はいつものリフレクティングとは少し違って、B さんが話し手を希望されています。私が聞き手、A さんは観察者ということになります。A さん、今日は B さんのために協力してくれて、ありがとうございます。さて、B さんはどこに座られますか？

B：こちらの席でお願いします。

C：A さんは今回、初めての観察者ということになりますが、気になることなどありますか？

A：先生たちが話すのをただ聞いておけばいいんですか？

C：そうですね。まず、B さんの話を私が聞いていきますから、そのあいだ A さんは、直接会話には加わらず、観察者として私たちの会話を聞いておいてください。その後、そこでの会話について、A さんと私で会話しますので、そのとき、聞いているあいだに思い浮かんだアイデアなど、教えてもらえればと思います。

A：わかりました。

6-2　支援者の心配事から始まる会話

C：他に聞いておきたいことや確認しておきたいことはありませんか？

A：僕は大丈夫です。

C：Bさんはいかがでしょうか？

B：大丈夫です。今日はお二人とも私の心配事についてのリフレクティングに協力していただいて、ありがとうございます。

C：では、今日は30分ほど時間がありますので、そこで話せることを話していきましょう。

ポイント

- リフレクティング・トークに入る前に、導入の会話をおこなうことは、基本型の場合と同様です。お互いの様子に気を配りながら、緊張をほぐしていきましょう。
- 支援者の心配事から始まる会話への参加が初めての入所者には、とくに丁寧に会話の場の位置付け（話し手となる支援者の心配事を聞くための場であること）と手順を説明します。
- 会話の場の進行役を担う聞き手からも、自分の心配事を話す話し手からも、最初に会話の場に参加してくれた観察者（ここでは少年A）への感謝を伝えることを忘れないようにしましょう。

---

(1) ターン1：話し手と聞き手の会話1回目

C：では、リフレクティングを始めたいと思います。先ほどお話ししたとおり、今日は30分ほど時間がありますが、Bさんはこの時間をどんなふうに使いたいですか？

B：はい。最近、私がAさんとの接し方というか、コミュニケーションの取り方について少し自分の中で心配が大きくなっているところがあって、そのことについて話せればと。

C：心配が少し大きくなっている。

B：そうなんです。Aさんに指導した後、個別面接をするんですけど、そ

第 6 章　入所者とのさまざまなリフレクティング・ミーティング

のとき、指導した理由を伝えているものの、どうもうまく伝えることができていない感じがしていて…。何か伝え方に問題があるのかな、と。

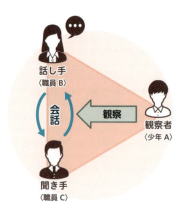

C：自分の伝え方に問題があるんじゃないかと…。たとえば、どんな時にそう思われるのか、もう少し教えていただけますか？

B：はい。具体的には、出寮して集団行動している際に、A さんが落ち着かないのか周りをキョロキョロすることがあって、その度に前を見るように指導をするんですが、その場では指導に従うものの、納得している様子ではなくて。それで、帰寮した後にそのことについて面接をするんですが、そのとき指導した理由を説明するものの、十分に伝わっていないような感じで、また同じことが起こることがあって…。自分の伝え方が悪いのかな、と気になっています。

C：そういう指導というのは、結構されているんでしょうか？

B：そうですね。集団の場でキョロキョロしてしまうことで他の人と目が合って、それが他の少年とのトラブルに発展することもあるので、A さんのことを守るという意味でも、集団を落ち着かせる意味でも、そこは注意しないといけないと考えています。

C：B さんとしては、A さんのことも、集団全体のことも考えながら指導されているわけですね。両方のことを考えていたら、つい厳しくなるようなところもあるのでしょうか。

B：私としてはとくに厳しくしているつもりはないのですが、もしかすると、そう感じられているかもしれませんね…。

C：ここまでのお話で、B さんが A さんとのコミュニケーションの取り方について心配を感じられていること。具体的には、集団で行動する際

にＡさんの落ち着かない様子があって、Ａさんがトラブルに巻き込まれないようにと指導をしているけれど、指導後の面接でうまく指導の理由が伝わっていないように感じられること。それで、伝え方が悪いのかな、と気になっているというお話をお聞きしたと思いますが、いかがでしょうか。誤解しているところや、付け加えるところがあれば教えてください。

Ｂ：いえ、大丈夫です。

Ｃ：では、よろしければ、ここまでの話を聞いてＡさんにもアイデアが浮かんでいることがあるかもしれませんから、Ａさんと私で話してみることもできますが、いかがでしょうか。

Ｂ：はい。お願いします。

ポイント

- 聞き手からの問いかけは、基本型のリフレクティング・トークと同様です。話し手の話題を聞き手の側が誘導し、方向づけてしまわないよう、あくまで話し手の話に沿っていきます。

- 話し手の話し方が、自分の心配事として話されるように、聞き手も気を配ります。事前の説明も十分におこないますが、もし、話し手である支援者自身の心配事としてではなく、被支援者（ここでは少年Ａ）を非難するような話し方になりそうなときは、聞き手がこの場の趣旨（自分の心配事を話す）を再確認して、話し手がそこから逸脱してしまわないようにサポートします。

- このターンでは、話し手の心配事を丁寧に聞くことのみに集中します。話し手の心配事に対して、聞き手が「そういう時は、こうすべき」などと（話し手の先輩や上司の立場にある人はとくに）助言や指導を始めてしまわないように留意しましょう。

（2）ターン2：観察者と聞き手の会話1回目

C：今Bさんと私の話を聞いていて、なにか思い浮かんだことなどあるでしょうか。

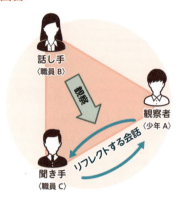

A：そうですね…。B先生が僕とのことについて話してくれているなかで、僕のことを守るために、ということを言ってくれていて、何だかちょっと申し訳ないというか…。あと、自分の態度がダメだったかなと思ったのと…。やっぱり、自分のためにいろいろ思ってくれているんだな、と。そういうことを感じました。

C：ちょっと申し訳ないという感じと、いろいろ思ってくれているんだな、という感じ。

A：はい。そんなふうに思ってくれているというのは、ありがたい感じがしましたね。

C：ありがたい感じ…。Bさんは、「自分の伝え方に問題があるんじゃないか」とも話していましたね。自分の伝え方で相手にうまく伝わっているのかというのは、なかなか確かめようがなくて難しいように私も思います。Aさんとしては、「こう言ってくれたらなぁ」というのがあったりしますか？

A：あー…。たとえば、きっと自分が悪く目に映って注意されてると思うんですけど、後からでもいいので、自分がキョロキョロした理由とかちゃんと聞いてもらえたら…。そうしたら、ただ怒っているんじゃなくて、自分のことを気にかけてくれてるんだと思えるんじゃないかな、と。

C：Bさんは「自分が指導した理由は伝えているつもりだ」と話していましたが、Aさんとしては、「自分がキョロキョロしていた理由についてもちゃんと聞いてほしい」ということでしょうか。

A：そうですね。

C：そのほかに、何か話しておきたいことなどありませんか？

A：いえ、大丈夫です。

C：では、Bさんと私の会話に戻りますね。

ポイント

- 観察者がこのターンで話すことは、支援者の心配事をどんなふうに受け取り、それについてどんなアイデアが浮かんだか、ということです。聞き手は、観察者の発言を急かすことなく、示されたアイデアを丁寧に受けとめることを心がけましょう。

- このターンでは、聞き手も観察者とともに前のターンの会話を踏まえて、アイデアや問いを提示することができます。もちろん、断定的な話し方をしないのは、基本型の場合と同様です。

- 当然ですが、ここで聞き手が観察者に反省を促すような発言をしたり、問題点について指導したりするような話し方をしては、会話の趣旨から大きく逸れることになります。あくまで、話し手の心配事を一緒に解決するために協力する仲間という姿勢を忘れないようにしましょう。

（3）ターン3：話し手と聞き手の会話2回目

C：今のAさんと私の話のあいだに、なにか思い浮かばれたでしょうか。

B：はい。たしかにAさんに指導した後の面接で、Aさんの振る舞いの理由というのは聞けていなかったな、と思いました。

C：Aさんがなぜそうしたのか、ということですかね。

B：何か、勝手に自分のなかで「落ち着かないのかな」とか、そういう解釈をしてしまっていて…。姿勢を崩したりしているのも、「もう集中できなくなったのかな」という感じで判断してしまっていたところがあったので…。いま話を聞いていて、Aさんには自分なりの思いとか意図とかがあったんだろうな、とあらためて思いました。

第 6 章　入所者とのさまざまなリフレクティング・ミーティング

C：Bさんの中で思っていたことと、Aさんの思っていたことが違うかもしれないという…。ギャップのようなものがあったかもしれない、ということでしょうか。

B：あったんだろうな、と思います。そのあたり、本人の気持ちを聞くということを大切にしていければと感じました。

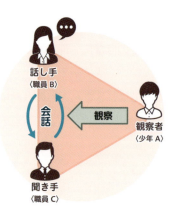

C：Aさん本人の気持ちを聞くことを大切に、ですね。そのほかに、話しておきたいことなどありますか？

B：いえ、最初の私の心配事について、今後のヒントが得られたように思います。

C：もう一度、Aさんと私で話すこともできますし、Bさんが一段落されたようであれば、リフレクティング・トークとしては、ここでいったん閉じることもできますが、いかがでしょうか。

B：私としては、一段落で大丈夫な気持ちです。

C：では、ここでリフレクティング・トークの形を解きましょう。

ポイント

- ターン2での会話を受けて、話し手は、自分の心配事についてどんな気づきが得られたのかを話していきます。
- 聞き手は、話し手の気づきを丁寧に受けとめながら、（経験年数や組織上の立場が上であっても）話し手に対して指導的にならずに会話の流れに沿っていくことを心がけましょう。
- リフレクティング・トークの最後のターンは、必ず話し手と聞き手の会話で終えるため、聞き手は終了時間に配慮しておきましょう。

（4）振り返りの会話

C：じゃあ、ここからは少し皆で今日の会話を振り返ってみましょうか。まずは話し手をしたBさん、いかがですか。

B：今日は自分の心配事について考えるために、お二人にも協力していただいて、ありがとうございました。おかげで少しヒントが得られたように感じています。やはり、まずは本人の気持ちを聞いてみるということが大切なんだな、とあらためて気づかされました。

C：協力してくれたAさんは、どうでしょう。

A：B先生が自分のことをいろいろ考えて言ってくれていたんだというのを知ることができて、ありがたかったです。心配をかけて申し訳ないな、というのと、これからは何かあったとき、自分の理由も聞いてくれると言われたのがうれしいです。

C：Bさん、Aさんの振り返りを聞けて、私もうれしいです。Aさん、また誰かの心配事があったら、リフレクティングに協力してもらえますか？

A：はい、ぜひ。

C：では、今日の会話は、ここまでとしましょう。どうもありがとうございました。

A、B：ありがとうございました。

第 6 章　入所者とのさまざまなリフレクティング・ミーティング

> **ポイント**
> - リフレクティング・トークが一段落したら、話し手から、観察者、聞き手として会話に協力してくれた人々に感謝の思いを伝えます。
> - 協力者として参加した人たちからも、簡単に今日の会話を振り返ってもらうことで、会話の参加者それぞれの気づきと、この場で生まれたものを承認し合うことができます。

6-3　入所者家族を交えた家族関係を育む会話

　少年院や若年の入所者がいる施設の場合（あるいは、それ以外の施設で
も）、入所者とその家族との関係調整に取り組む必要がある場合は少な
くないでしょう。矯正施設にいるあいだに家族関係の調整を図れること
の意味は、施設にいるあいだの精神的な支えや安心感はもちろん、施設
を出てからの社会生活に向けて、とても大きなものです。とはいえ、そ
うした機会をつくることが容易ではないことも多いでしょうし、幸い、
そうした場が可能であったとしても、矯正職員としてそこで具体的にど
んなことをすれば良いのか、戸惑うこともあるかもしれません。

　第2章でも紹介したように、**もともとリフレクティングは、家族療
法という家族間のコミュニケーションに焦点を当てる臨床実践の中で生
まれたものですから、そうした場面における活用は、とても有意義かつ
有効**であると言えます。実際、北欧の刑務所では、入所者が施設にいる
あいだに、出所後の生活に向けて、家族を交えたリフレクティング・ト
ークがおこなわれています。筆者もそうした場に何度か参加しました
が、第三者として矯正職員や地域の専門職も加わるこうした会話の場
は、入所者にとっても、家族にとっても、施設を出た後の生活への不安
をやわらげ、互いのつながりについて落ち着いて考える貴重な機会とな
っていました。

　国内では、まだそうした実践は限られていますが、たとえば、福岡少
年院においては、親との関係に悩みを抱えていることをリフレクティン
グの場で話してくれた少年の声を受けて、法務教官が親との調整を図
り、親子でのリフレクティング・トークを実現できています。「母親と
直接話すと、お互いにちゃんと話を聞けない感じになるので、リフレク
ティングのようなかたちで先生たちにも会話に入ってもらって話した
い」との少年の要望を受けて組み立てられたこのリフレクティング・ト

ークでは、少年と母親を別々の会話のグループに分け、それぞれのグループに職員が聞き手として加わることで、「聞くことと話すことを丁寧に分ける」というリフレクティングの基本を実現しました。

　以下では、こうした実践における会話の構造を踏まえた事例を見ていきましょう。状況設定としては、すでにリフレクティングで話し手を経験している入所者（少年A）の要望で、母親との関係を調整するために職員B、Cが参加した入所者家族を交えた家族関係を育むリフレクティング・トークです。

(0) はじまりの会話

B：こんにちは。皆さん、今日はお集まりいただいて、ありがとうございます。今日のリフレクティングには、Aさんの希望でお母様も参加してくださっているので、最初に簡単にここでの会話の進め方に

ついて確認させていただきますね。（家族Dに向かって）ちなみに、今日は何とお呼びしましょうか？

D：よろしくお願いします。「お母さん」でお願いします。

B：わかりました。私は「Bさん」でお願いします。どうぞ楽になさってくださいね。お母さんにも先日、説明させていただいたように、今日はお互いの話をゆっくり聞き合うために、リフレクティングという少し変わったやり方で会話をしていきます。まず、Aさんのお話を私が聞いていきます。そのあいだ、お母さんとCさんは、会話には加わらずに、静かに会話を聞いていてください。途中、何か言いたくなる

6-3 入所者家族を交えた家族関係を育む会話

こともあるかもしれませんが、Aさんとの会話が一段落した後で、話す順番は回ってきますので、まずはただお聞きください。

D：わかりました。

B：Aさんと私の会話が一段落したら、今度は、お母さんとCさんで話していただきます。その際には、Aさんと私の会話を聞いているあいだに思われたことを話していただければと思います。お母さんとCさんの会話が一段落したら、また、Aさんと私の会話、というふうに、二組で交互に会話していきます。全体の時間としては、だいたい1時間を予定していますので、その時間のなかでこうした会話を交互に進めながら、最後はAさんと私の会話で終えることになります。皆さん、何か質問などありますでしょうか。

A、C、D：大丈夫です。

B：ありがとうございます。途中で何か気になったら、遠慮なくお尋ねくださいね。

ポイント

• 家族が初めてリフレクティング・トークに参加する場合、あらかじめ、どのような会話の場であるのか、その趣旨や進め方を丁寧に説明しておきます（説明を踏まえて、家族がそのような場への参加に同意していることが、会話の場を開くための大前提となります）。

• 事前の打診や説明からリフレクティングの当日までには、一定の日数が経過していることが一般的でしょうから、当日、会話の参加者が揃ったところで、再度、簡単に会話の進め方、会話の作法（第4章を参照）を共有してから、リフレクティング・トークをスタートします。

• 基本的には、聞き手（職員B）が上記の説明をおこなうとともに会話の場全体の進行役となります。進行役は、初めての参加者の緊張感をやわらげるような話し方を心がけましょう。

第6章 入所者とのさまざまなリフレクティング・ミーティング

(1) ターン1：話し手と聞き手の会話1回目

B：では、始めていきましょうか。Aさん、よろしくお願いします。

A：お願いします。

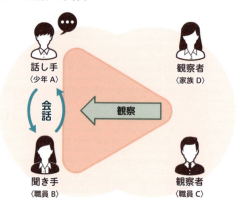

B：まず、Aさんが今日、この場でどんな話ができると良いと考えているのか、あるいは、どんな機会になればいいと思っているのか、教えてもらえますか？

A：えー…。出院してからの交友関係についてなんですが、お母さんと面会で言い合いになったことがあって…。まあ、自分が今まで付き合った友達っていうのは、悪い人も多かったのは多かったんですけど…、それを「出院したら全部付き合わないように」って、言われて…。でも、みんながみんな悪いわけじゃなくて、今はちゃんとしてる人とかもいるんで…。そういう人たちとは付き合っていくっていうのが自分の考えなんです。…でも、それを全然わかってくれないんで、そういうことを話したいって思ってます。

B：お母さんとの面会で、出院後の友達付き合いについて話した際に言い合いになったんですね。Aさんとしては、みんながみんな悪いわけじゃないから、ちゃんとしている人とは付き合っていこうと考えている。お母さんからは、「付き合わないように」と言われている。

A：そうです。

B：お母さんがわかってくれない、ということでしたが、Aさんとしては、どんなふうに思っているのか、もう少し教えてくれますか？

A：もちろん、人は選びますけど、自分が付き合っていた人たちを全部悪いっていう感じで、たぶん思っているんで…。自分はそうじゃない人

6-3 入所者家族を交えた家族関係を育む会話

と付き合っていこうと思っていて…。

　　　　　（以下、しばらくAとBの会話が続くが、途中省略）

B：ここまでのお話を聞くと、Aさんとしては、自分なりに友達付き合いについては慎重にしようと思っているから、全部が全部ダメだというふうには言わないでほしい、というお話だったかな、とお聞きしましたが、いかがでしょうか。

A：はい、そういうふうに思っています。

B：何か付け加えておきたいことなどありますか？

A：いえ、大丈夫です。

B：じゃあ、ここでお母さんとCさんに話していただきましょうか。

ポイント

• 話し手が話したいことを話しやすいように、聞き手が話し手の言葉を受けとめていくことは、基本型のリフレクティングと同様です。家族が同席していることで、ふだんのリフレクティング・トークよりも話し手が話しづらくなっている場合も考えられますから、急がず本人の言葉が出てくるのをじっくりと待ちましょう。

• 聞き手が指導的になったり、急いで解決策を提示しようしたりとしないことはもちろん、聞き手のスタンスが少年側にも、家族側にも偏らないよう（どちらか一方の味方になってしまわないよう）に心がけましょう。

---

(2) ターン2：家族を含む観察者の会話1回目

C：それでは、ここからお母さんと私でお話ししていければと思います。いまAさんの話を聞かれていて、どんな言葉が印象に残ったでしょうか、その話を聞かれて、お母さんの中で何か思い浮かんだことなどもありましたら、どうぞお話しください。

D：そうですね…。本人の気持ちを尊重したいというのも、あるにはある

んですけど…、やっぱり、今までも友達関係から影響を受けて、生活が崩れてきたところがあると思っているので、本人にとって、どんな人と付き合うかは大きな問題だと思っています。なので…。で

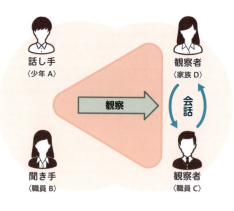

きたら今までの友達との付き合いはやめて、新しい友達を作ってくれた方が安心できるな、という気持ちはあります。

C：友達関係から影響を受けて、Aさんの生活が崩れてきたと感じられている…。Aさんの話では「人は選ぶつもり」と言われていたように思いますが、やはり、そこは慎重にとお感じでしょうか？

D：やっぱり、ちゃんと生活をしてくれるのが一番ですから。散財せず、家出もせずに…。学校とかもそうですし…、そこが曖昧になってしまうのは心配です…。

C：家出とかにつながらない、そういうことがちゃんとできるような友達関係を選んでほしい、ということですかね？

D：はい。そういう友達関係なら、私としてもちょっと安心できるかな、と思いますし…。もちろん、今まで付き合ってきた友達がみんな悪い人だとは思っていないんですけど、ただ、お互いに流されて、羽目を外してしまいがちなのかな、とも思うので、そういうことはやめてほしいな、と。

　　　　　（以下、しばらくCとDの会話が続くが省略）

> **ポイント**
>
> - 観察者の一人である職員（職員C）は、リフレクティング・トークに慣れていない家族との会話を進行していく進行役となります。家族が話し手側の方を向かずに、観察者だけで会話を進められるように留意しましょう。
> - 家族が観察者としてリフレクティング・トークに参加する場合、（事前にリフレクティングの作法を説明していたとしても）話し手の話したことよりも先に家族としての自分の思いを話すことに集中してしまうことが考えられます。会話の場で家族の思いが語られること自体は、悪いことではありませんが、話し手が「自分の話したことを聞いてもらえていない」と感じることのないよう、観察者の一員である職員は、「いま話し手が何を話していたのか」を適宜、家族との会話のなかで言葉にして確認しつつ、ここでの会話が話し手の話から逸れすぎないように気をつけます。

（3）ターン3：話し手と聞き手の会話2回目

B：いま、お母さんとCさんの会話のあいだに、なにか思い浮かんだことなどありますか？

A：そうですね…。今日話をするまで、お母さんは、とにかく友達が悪いんだというのを、ちょっと極端に言っている

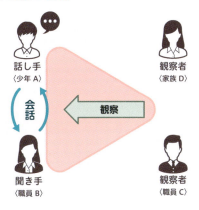

ように思ってたんですけど…、いま話を聞いたら、一番は「生活が崩れるのが良くないから」っていうのがあったんで、そこは自分がちょっと勘違いしていたのかな、と。生活を崩さないために友達は…、っていうのは、まあ、理解できたかな、と思っています。たとえば、

第6章　入所者とのさまざまなリフレクティング・ミーティング

　　　お金のこととか、学校とか、自分がちゃんと生活してるっていう、何
　　　か証明ができていけば良いのかな、と思いました。

B：お金のこととか、学校とか、きちんとしていくことが、ちゃんと生活
　　　している証明になる…。

A：そうですね。

B：お母さんのお話のなかで「安心」や「心配」という言葉が出ていまし
　　　たが、Aさんとしては、そうすることで、お母さんに安心してもらえ
　　　るのかもしれない、という思いもあるでしょうか。

A：はい、そう思ってます。

B：今までは、お母さんに友達関係を否定されていると思っていたけれ
　　　ど、自分の生活が崩れることを一番心配されている、ということに気
　　　づいたということでしょうか。

A：はい、ただそれをどうすれば生活が崩れてないと判断してもらえるの
　　　か、というのは、まだよくわかってなくて…。友達をまたゼロから作
　　　るというのは考えていないので…。

　　　　　　　（以下、しばらくAとBの会話が続くが省略）

ポイント

- 聞き手は、前のターンの会話のあいだに話し手がどのような内的会話
  を進めたのか、丁寧に聞いていきます。
- このターンでは、話し手の家族に対する認識の変化や新たな気づきが
  語られることも少なくありません。聞き手は、そうした変化の兆し
  を取りこぼさないように、ひとつひとつ確認しながら応答していき
  ます。
- 聞き手が前のターンの母親（家族D）の言葉を拾い上げながら、会話
  を進めていくことで、母親の側も自分の話をきちんと受けとられて
  いると感じることができます。

6-3　入所者家族を交えた家族関係を育む会話

（4）ターン4：家族を含む観察者の会話2回目

C：Aさんのお話を聞かれていて、いかがでしたでしょうか？

D：そうですね…。新しく友達を作ることに、どうしてそんなに抵抗を感じているのかな、とは思いますね。今まで見ていても、友達を作るのが苦手なタイプではないように思っていて…。なんで今までの友達にこだわって、新しい友達を作ろうとしないのか、よくわからないな、というのを最初に思いました。やっぱり、今まで友達と遊んでいて夜遅くなっても帰ってこないということもあったので…。せめて十時くらいには帰ってきてほしいかな、とは思いますね。そういう約束が守られるといいんですが…。

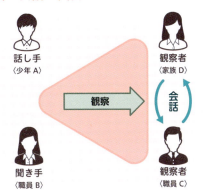

C：どうして新しい友達を作ることが嫌なのかわからない、ということと、同時に、帰宅時間をせめて十時くらいに、ということですね。先ほど、Aさんは「どうすれば生活が崩れてないと判断してもらえるのか」ということも話されていましたが、そうすると、お母さんとしては、Aさんが帰宅時間のような生活上の約束を守っていければ、Aさんが望む友人関係について考えてもいい、ということはあったりしますか？

D：それはそうですね…。あと、ときどき家に連れてきてくれてもいいかな、とも思います。話したり、様子が見える方が安心なので…。溜まり場になっては困りますが（笑）、たまに連れてきて話ができる関係だと安心かな、と思います。

C：いま伺っていると、お母さんとしては、今後のAさんの友人関係に

第6章　入所者とのさまざまなリフレクティング・ミーティング

　　　　ついて、生活の様子を見守りながら、ある程度考える余地も残してお
　　　　られるのかな、と感じましたが、いかがでしょうか？

D：はい。一応、家族として理解できる範囲であれば、できることはした
　　　　いな、という気持ちはあります。

C：そうなんですね…。そのほかにお話しされておきたいことは、ありま
　　　　すか？

D：いえ、大丈夫です。

C：では、Aさんの方に話を戻したいと思います。

ポイント

- 観察者の一人である職員（職員C）は、家族の発言を丁寧に受けとめ
  ながら、話し手の発言を会話のなかに適宜置きなおし、家族の応答
  がなされる機会をつくります。ここでも、「会話について会話する」
  というリフレクティングの基本が大切です。
- 家族の発言の中で変化や、新たな展開の兆しが見られた場合は、それ
  を一緒に確認するように会話していきます。そうすることで、家族
  はもちろん、話し手（少年A）側の内的会話が進むきっかけにもなり
  ます。

（5）ターン5：話し手と聞き手の会話3回目

B：いまの会話のあいだに、どんなことが思い浮かびましたか？

A：お母さんが、門限とか、そういうのを守れれば…、と言ってくれたの
　　　　がよかったです。自分としても、そういうことを守っている様子を示
　　　　していけたらな、と思いました。

B：お母さんは、すごく具体的に話してくれましたね。お母さんが安心で
　　　　きるように、門限を守るとか、友達を連れてくるとか、具体的に仰っ
　　　　ていましたが、そのなかでも、自分ができることはしていきたい、と
　　　　いう感じでしょうか。

A：そうですね。お母さんの言っていたこともそうですし、自分もこうしたい、というのを、今後は話し合って、ルールを一緒に作っていけると、やっぱり守らないといけないと思えるので、そういうことを出院までに話していきたいと思いました。

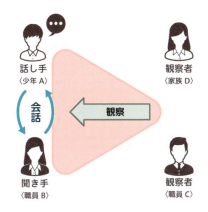

B：家族のルールをお母さんと話し合いながら、出院までに決めていきたい、ということですかね。

A：はい。

B：時間的には、このターンが最後のターンになるので、今日ここまでに話せたことを振り返っておければと思います。最初にAさんが話したかったことは、交友関係についてお母さんと意見が食い違っているということだったけれど、今日、お話を聞くなかで、お母さんはAさんの生活が崩れてしまうのを心配しているのであって、交友関係を絶対的に悪いと思っているわけではない、ということ。Aさんは、お母さんの話を聞いて、自分が生活をきちんとしていれば、交友関係についても考えてくれるんだ、ということがわかったので、これから出院までに、守っていく家族の生活ルールを一緒に話し合って作っていきたいと思っている。そういうことが共有できたのかな、と思いますが、そういう理解で大丈夫でしょうか？

A：はい、そうしていきたいと思います。

B：わかりました。これからもまた、こんなふうにお母さんを交えたリフレクティングをおこなうこともできますから、「話したいな」と思ったら、私たちに教えてくださいね。では、今日のリフレクティングと

しては、ここで一段落ということで大丈夫でしょうか？

A：はい。

> **ポイント**
>
> - 聞き手は、最後のターンであることを伝えたうえで、今日の会話を通して、どんなことが見えてきたのか、あらためて振り返り、共有します。ただし、その目的は、決して話し手の「言質を取る」ためではなく、この場で得られた気づきや発見を皆で承認するためであることを忘れないようにしましょう。

（6）ターン6：しめくくりの会話

B：では、リフレクティングの形を解くことにしましょう。お母さん、今日はこの場に参加してくださって、どうもありがとうございました。

D：いえ、二人で話すと、ついお互い言い合いみたいになってしまうので、こうして落ち着いて話す機会ができてよかったです。ありがとうございました。

C：Aさんも、お母さんに話したかったことが話せてよかったですね。私もこの場に参加できてよかったです。

A：はい。お母さんに自分の話を聞いてもらえて、お母さんの考えも聞けて満足です。ありがとうございました。

ポイント

- リフレクティング・トークを解いたしめくくりの会話では、その日の会話内容自体をさらに具体的に進めることはせず、あくまでこの場で話せたことをお互いに承認し、感謝し合うことに焦点をおきます。そのため、あまり長引かせず、次の機会につなげられると良いでしょう。

第6章　入所者とのさまざまなリフレクティング・ミーティング

6-4　多様な関係者や関係機関を交えた会話

　多機関連携は、あらゆる対人支援の現場で長くその大切さが強調されている一方で、いざ実際に取り組むとなると大変な手間がかかると思われて、つい敬遠されがちなものです。また、頑張って取り組んでも、それに要した労力の割には、あまりその成果を感じられず、形式的な会議だけに終わってしまうことも少なくないかもしれません。しかし、連携の本来の意義を考えるなら、たとえば、**施設内処遇と社会内処遇を切れ目なく提供して、その連続性の中で適切な立ち直りを実現していくために、施設外で出所者とかかわる多様な支援者、多様な機関とのネットワークを施設に入所している時点から育んでおく**ことは不可欠でしょう。

　そうした連携のための場を具体的にどのように設定し、どのように進めていくことが有効かを考える際にも、リフレクティングは大きな助けになります。前節でも触れたように、北欧の刑務所では、入所者が施設にいるあいだに、出所後の生活に向けて、家族らを交えたリフレクティング・トークがおこなわれているのですが、ときには、そこに矯正職員のみならず、出所後に支援にかかわることになる地域のさまざまな専門機関の職員らも加わります。

　北欧では、このような本人を取り巻く多様な関係者（そこには、プライベートな関係者も、専門機関の関係者も含まれます）のつながりを「ネットワーク」と呼び、そうした人々が一緒に集まって開かれる話し合いの場を「ネットワーク・ミーティング」と呼びます。オープンダイアローグという名前で知られるフィンランド西ラップランドの精神医療システムにおいて、リフレクティング・トークが活用されているのも、おもにこのネットワーク・ミーティングの場面です。

　福岡少年院でも、担当の保護観察官や保護司、出院後に少年が働く予定の職場の責任者など、地域で少年とかかわることになる多機関の人々

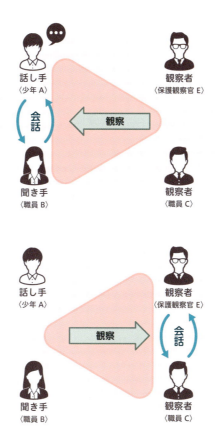

　を交えたネットワーク・ミーティングとしてのリフレクティング・トークをすでに試みています。このとき、外部からの参加者が少人数であれば、前節で見た入所者家族を交えた会話の場合のように、リフレクティング・チームの一員として参加してもらうことができます。会話の進め方も、基本的には家族を交えたリフレクティング・トークと同様です。ここでは、リフレクティング・チームに担当の保護観察官が 1 名加わる場合の会話の基本的な構成図を示していますが、そこに担当予定の保護司や協力雇用主、家族などが加わることも、もちろん可能です。

　たとえば、こうしたリフレクティング・トークの場を矯正施設内で開

第6章　入所者とのさまざまなリフレクティング・ミーティング

くことにより、話し手となる入所者（図中では少年A）は、出院後の生活に関して抱えているさまざまな不安や疑問について、すでに信頼関係を築いている法務教官（図中では聞き手の職員B）を相手に落ち着いて話すことができます。また、保護観察官がリフレクティングの形で入所者の声に応答することにより、社会内処遇に向けた双方の準備やすり合わせ、関係の構築も可能となります。

**　多機関連携と聞いて思い浮かぶ大規模な会議に比べて、こうした会話の場は、無理なく実現できるごくシンプルなものですが、その効果はとても大きい**ことがわかるでしょう。もちろん、保護観察所との連携のみならず、たとえば、刑務所において福祉的支援が必要とされている入所者であれば、地域生活定着支援センターや更生保護施設、その他の福祉機関などの職員を交えて、刑務所内のソーシャルワーカー（福祉専門官）とともに、こうしたリフレクティング・トークの機会を入所中につくっていくことも、きわめて有意義でしょう。大切なことは、就労支援にせよ、住居確保等に向けた支援にせよ、対面のミーティングを通して、互いの機関の担当者が顔の見える、声を聞き合える関係でつながりながら、実質的な支援のネットワークを編んでいくことなのです。

　一方、一度に多様な立場の参加者が集まる場合、通常のリフレクティング・トークの形で観察者（リフレクティング・チームのメンバー）の人数を増やすだけでは、発言する人が多くなりすぎて、それぞれの立場からの声が複雑に絡んでしまい、ときにこの先の見通しが悪くなることも考えられます。そこで、本節では、多様な参加者の声を見通しよくながめられる「未来語りのダイアローグ」というユニークな多職種・多機関連携のためのリフレクティング・トークのバリエーションを紹介しましょう。この方法は、本章の2節で紹介した「支援者の心配事から始まる会話」を開発したトム・アーンキルらが多機関の専門職や本人、家族などが集まるミーティングの場での試行錯誤を重ねながら編み出したものです。

この方法の魅力的な点は、**本人や家族を取り巻く目の前の「やっかいな問題」に焦点を当てるのではなく、「物ごとがうまくいっているいい感じの未来」に焦点を当てる**ところです（実際には、焦点を当てるというよりも、うまくいっている状態に皆で身を置いて、その状況を味わってみるのです）。そのユニークな設定に最初は違和感を覚えるかもしれませんが、通常のリフレクティング・トークと比較すると、決められた三つのシンプルな質問に沿って会話を進めれば良いため、何度か練習すれば、誰でも十分に実践できるようになります。

また、そこでは、あくまで本人や家族にとっての「物ごとがうまくいっている未来」に焦点を当てるため、支援者側のプランを一方的に押し付けるような事態を回避することができます。そして同時に、それは異なる専門性を持ち、異なる組織に属する支援者たちが各々の立場の違いによって生じる意見の対立や連携の欠如、行き詰まりなどを乗り越えていくための強力な方法でもあるのです。

とりわけ、矯正施設で取り組む際には、こうした会話を出院・出所が具体的に見えてきた段階でおこなうことが効果的でしょう。施設を出てからの生活について、本人はもちろん、家族や地域でかかわる支援者、矯正施設職員といった皆でその具体的イメージを共有しておくことができるなら、施設を出てからの生活へのなだらかな移行に大いに役立つことは容易に想像できるでしょう。参加者全員が満足感を得られる多機関連携会議の方法として、ぜひ以下に紹介する「未来語り」のリフレクティング・トークに挑戦してみてください。

（0）はじまりの会話

C：本日は皆さん集まっていただいて、どうもありがとうございます。あと一ヶ月ほどでＡさんの出院が予定されているということで、今日はＡさんの担任のＢさんからの提案で、Ａさんの出院後のことについて皆さんと一緒にお話ししていければと思います。あらためまし

第6章　入所者とのさまざまなリフレクティング・ミーティング

　　　て、今日の進行役のCと申します。どうぞよろしくお願いします。では、Bさんから順に一言ずつ、よろしいですか？
B：当院でAさんの担任をしていますBです。私からのミーティングの提案に応えてお集まりくださって、皆さんどうもありがとうございます。今日はAさんの担任としてお話しさせていただくのと、皆さんのお話の書記役もさせていただきます。よろしくお願いします。
A：Aです。よろしくお願いします。
D：Aの母のDです。よろしくお願いします。
E：出院後にAさんの保護観察を担当しますEです。よろしくお願いします。
C：皆さん、いつもより人数が多いので、少し緊張されているかもしれませんが、どうぞ楽になさってくださいね。さて、今日の会話の進め方なのですが、私が基本的に聞き手として、皆さんお一人お一人にお話を伺っていきます。いつものリフレクティングと同様、話すことと聞くことは分けられていますから、私が誰かのお話をお聞きしているあいだ、ほかの皆さんは静かに耳を傾けて、話し手に直接話しかけたりしないようにお願いします。この場にいる皆さん全員に、順に話を伺っていきますから、そのとき、考えておられることをお話しください。先にAさん、お母さんそれぞれのお話をお聞きして、その後に保護観察官のEさん、担任のBさんのお話をお聞きします。よろしいでしょうか。
A、B、D、E：はい。わかりました。
C：それから、ちょっと変わっているのですが、Aさんが出院してからの生活について考えていくために、今日は皆で少しだけ先の未来に行っ

て、そこで一緒にいい感じの未来を味わいながら、お話しできればと思います。未来に行くというのは、何か不思議な感じがするかもしれませんが、私が案内していきますので、どうぞ安心してくださいね。

ポイント

- この会話をおこなう際は、全体を通して聞き手となる進行役（ここでは職員C）、話された内容の要点を板書していく書記役（ここでは職員B）の二名が必要です。この二人が協力しながら会話を進めていくことになります。
- 座席の配置は、板書用のホワイトボードなどを参加者全員がながめられるように、半円形に椅子を並べます。
- 進行役は、まず参加者同士の緊張をほぐすように参加者の紹介から始めましょう（とくに初対面となる参加者がいる場合は、どのような立場の関係者であるのかを互いに明らかにしておきます）。
- 会話の手順や作法についても、全員に向けて、最初にひととおり説明しておくことが参加者の安心につながりますので、急がず丁寧に進めましょう。

（1）未来に行くための会話

C：では、Aさん、あと一ヶ月ほどで出院が予定されていますが、出院してから生活していく中で、そう遠くない未来、自分の生活が「いい感じで充実しているな」というふうに気づくとしたら、いつ頃、どんなタイミングだと思いますか？

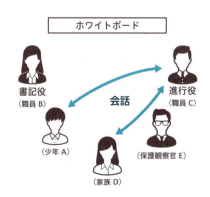

第6章　入所者とのさまざまなリフレクティング・ミーティング

A：そうですね…。出院したら専門学校に通いたいと思っているので、合格して、入学して、学校に通えているっていう状況になっていたら、充実していると感じられると思います。

C：専門学校は四月入学ですかね。そこに入学して、Aさんが学校生活にも徐々に慣れて、順調に通えている頃とすると…、今日が2023年10月19日なので、半年後くらい、2024年5月20日頃でしょうかね。お母さんも、そのくらいの時点ならAさんが充実した生活を送れていると感じることができそうですか？

D：そうですね。半年後くらいに学校にちゃんと通っていて、そこで友達もできていると安心だろうな、と思います。

C：2024年5月20日というと…月曜日ですね。では、その時点の未来に、ここにいる皆さん全員で行ってみたいと思います。では皆さん、目を閉じていただいていいですか？　私の方で数を数えていきます。そのあいだに時間を移動して、私が手を叩いたら、2024年5月20日、月曜日に皆で来ていますからね。1…2…3…

ポイント

- 未来に行くために、まずは具体的な未来の日付を決めます。本人および家族（ここでは少年Aと家族D）と相談しながら、いい感じの未来の状況を想像できるあまり遠くない（あまり近すぎてもいけませんから、数か月先から一年以内くらいを目安に）具体的な時点を設定します。

- 行くべき未来の日付が決まったら、進行役（職員C）の合図で未来に移動します。この場面には違和感を覚える方もいるかもしれませんが、以降の会話が未来の時点から現在までを振り返る形でなされるため、会話のモードを切り替える大事なポイントとなります。未来への移動の仕方は、シナリオに紹介したものである必要はありません。進行役の自由なアイデアで楽しく未来に跳べるように工夫してみましょう。

（2）本人との会話

C：はい！　では目を開けてください。Aさん、今日は何年の何月何日でしょうか？

A：えっと…、2024年5月20日です。

C：そうです。お母さんも、ちゃんと来られたでしょうか？

D：はい。2024年5月20日、月曜日です。

C：ありがとうございます。皆さん無事に2024年5月20日に来られたようですね。では、まずAさんからお話をお聞きしていきたいと思います。

さて、Aさん、出院してからもう半年、久しぶりにお会いしますね。

A：あ、お久しぶりです。（笑）

C：風の便りでAさんのことを耳にしたんですが、この春から専門学校に通われていると伺いましたよ。

A：はい、そうなんです。

C：学校生活も充実していて、家でもうまくやれているらしいですが、Aさんにとって、今「いい感じだな」「うれしいな」「充実しているな」ととくに感じられているのは、どんなことですか？

A：そうですね…。やっぱり学校で勉強できていることは、内容的に難しいこともあっても、好きなことを学べているので、充実しているな、と感じています。

C：そうなんですね。専門学校ではどんなことを勉強しているんですか？

A：自動車整備の学校で、車の構造とか、そういうことを勉強しています。

C：自動車整備ですか。専門学校では一緒に勉強する友達もできていたり

第 6 章　入所者とのさまざまなリフレクティング・ミーティング

しますか？

A：はい。一緒にご飯を食べたりする友達ができました。

C：そうですか。専門学校に通って、自動車整備の勉強ができて、そこで一緒にご飯を食べるような友達もできている…。いい感じですね。そんないい感じになるまでに、どんなことがありましたか？　Aさん自身がしてきたことや、周囲が助けてくれたことはどんなことでしょうか？

A：そうですね…。まずは入学試験に合格するために勉強しました。

C：頑張ったんですね。周りの方からはどんなサポートがありましたか？

A：サポート…。専門学校のこととかは、いろんな人に相談しながら情報を集めたりしました。勉強も、ちょっとわからないところがあったら聞いてみたりしました。

C：お母さんがしてくれたことはありますか？

A：お母さんは、勉強する教材を買ってくれたり、専門学校の学費を出してくれたりしました。

C：お母さんのほかには、サポートしてくれた人はいますか？

A：そうですね…。少年院の先生たちにも、専門学校に行く相談をしていたので、学校の情報を調べてもらったりしました。

C：去年の10月にAさんとお話ししたときには、まだ出院前でしたが、その頃のAさんの心配事ってどんなことでしたか？　今のいい感じにいたるまでに、何がそれをやわらげてくれて、Aさんはどんなことをしたのでしょうか？

A：やっぱり、出院してから希望していた専門学校に本当に行けるのかどうか心配でした。お母さんや先生や周りの人に相談しながら、その準備をできたことで、心配なところを解消していけたのかな、と思います。

C：そうなのですね。どうもありがとうございました。

6-4　多様な関係者や関係機関を交えた会話

ポイント

- 書記役は、未来に移動したところで、ホワイトボードの上部に到着した未来の日付と曜日を明記します。
- 進行役から本人、家族への質問は大きく以下の三つです。これらの質問をできるだけ具体的なその場のイメージが浮かび上がるように、丁寧に聞いていきます。

  (1) とてもいい感じになったいま、なかでもとくに「いい感じだなー」「うれしいなー」とあなたが感じているのはどんなことですか？

  (2) そんなにいい感じになるまでに、どんなことがあったんでしょうか？　あなたがしたのはどんなことですか？　誰がどんなふうにあなたを助けてくれましたか？

  (3) 〇ヵ月前のあなたの心配事ってどんなことでしたか？　何がそれをやわらげてくれましたか？　そのためにやったのはどんなことですか？

- 書記役は、上記の項目に対するそれぞれの話し手の発言の要点を次に示す表のような形で見やすく板書していきます。

〔書記役の板書用フレーム〕

2024 年 5 月 20 日 （月）

	現在いい感じのこと	そのためにしたこと	かつて心配だったこと
A さん	・専門学校に通って、好きな自動車整備の勉強ができている ・学校の友達と一緒にご飯を食べるようになった	・学校の情報収集 →いろいろな人に相談 →少年院の先生も協力 ・入試の勉強、準備 →お母さんから教材や学費の援助	・本当に専門学校に行けるのか？ →お母さん、先生、周りの人に相談しながら準備することで解消
D さん	…	…	…
E さん		…	…
B さん		…	…

127

(3) 母親との会話

C：では、つぎにお母さんにお話を伺いたいと思います。今日は2024年5月20日、月曜日なんですが、いま、お母さんがうれしいと感じていること、よかったと感じていることは、どんなことでしょうか？

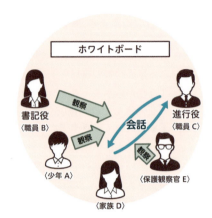

D：そうですね…。やっぱり息子がちゃんと希望の専門学校に行けて、ちゃんと通ってくれているということと、そこで新しい友達もできたみたいで、よかったな、と…。あと、ちゃんと夜は家に帰ってくるようになったので、皆で夕飯を食べたりできているのが、いいなぁと。その時に家族との会話もいろいろできているのも、いい感じです。

C：Aさんの学校生活も順調で、夜は家にちゃんと帰ってきて、一緒に夕飯を食べながら、家族で会話ができるようになったんですか。いい感じですね。そんなふうになるまでには、どんなことがあったんでしょうか？　お母さんがなさったことはどんなことで、誰がどんなことを助けてくれたでしょうか？

D：そうですね…、ちゃんと夕飯を準備したりとか、専門学校の学費を支払ったりとかですね。あとは、何か困っていることがあったら話を聞くようにしたり…。そういうサポートができたのかな、と思っています。学校の情報とかは、私も詳しくないので、本人が調べたり、先生に相談したりしましたかね…。

C：そうでしたか。夕食を準備したり、学費を工面したり、Aさんの話を聞かれたり…。去年の10月にお会いしたときは、まだAさんの出院前でしたが、その頃のお母さんの心配事はどんなことでしたか？　今

のいい感じにいたるまでに、何がそれをやわらげてくれたのでしょうか？

D：心配だったのは、やはり本人の生活が落ち着くのかどうかということですね。ただ、本人が専門学校で勉強したいという希望を伝えてくれて、周囲もその目標に向けて応援できたことで、心配していた生活面でも、一緒に生活のルールを決められて、落ち着いてきたのかな、と思っています。

C：Aさんが目標を話してくれて、それを周囲が応援することができた。生活のルールも一緒に決めて、落ち着いてきた。進路については、お母さんからも先生などに相談されたとのことでしたね。

D：はい。少年院の先生方からも、進路について情報をいただけたのが助かりました。

C：そうなのですね。どうもありがとうございました。

ポイント

- 家族への質問は、本人と同じで大きく三つです。一つ目の質問で「いい感じ」の内容をできるだけ具体的に思い描けるように話を聞いていくことで、それ以降の質問についても、状況がイメージされやすくなります。

- 本人と家族の各々が思い描く「いい感じの現在」にいたる描写は、必ずしもぴったりと合致しないところがあるかもしれませんが、そこはおおらかに受けとめて構いません。大切なことは、話し手である「私」が何をしたのかを思い描き、言葉にして、それを互いに聞き合うことです。

第 6 章　入所者とのさまざまなリフレクティング・ミーティング

（4）保護観察官との会話

C：では、つぎに保護観察官であるEさんにお聞きします。いまお聞きいただいていたように、2024年5月20日現在、Aさんは自動車整備の専門学校に通われて、自分の好きなことについて勉強できているし、学校の友人

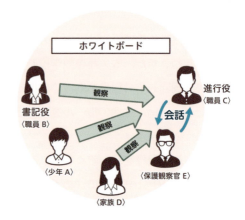

もできて、とてもいい感じのようです。お母さんも、Aさんを経済面や食事などで応援しながら、家族で会話もされて、Aさんの生活が落ち着いていることをうれしく感じられているそうです。こうした状況になるにあたって、Eさんはどんなことをなさってきたでしょうか？　Eさん自身が取り組んだり、あるいは、誰かと一緒になさったりしたことはどんなことでしょうか？

E：そうですね…。Aさんが出院してから専門学校の受験までに少し時間がありましたので、勉強する場所とか、地域で学習支援をしてくれるところの情報などを私から紹介させていただいたかな、と思います。それから、保護司さんがとても手厚くかかわってくださるので、保護司さんと一緒にAさんはもちろん、ときにはお母さんの話も聞かせていただいたりしました。そういったところが、私がかかわらせていただいたところかな、と思います。

C：地域での学習支援の情報を紹介されたり、保護司さんと一緒にAさんやお母さんのお話を聞かれたり、ということですね。では、去年の10月にお会いしたときは、まだAさんの出院前でしたが、その頃のEさんの心配事はどんなことだったでしょうか？　今のいい感じにいたるまでに、何がそれをやわらげてくれたのでしょうか？

E：やはり、出院してから楽しくなってしまって、昔の友達との関係が戻ってしまうんじゃないかな、そうすると目標に向けての勉強もなかなかできなくならないかな、ということが心配でした。ただ、Aさん自身がとてもやる気があって、お母さんもそれをよくサポートされていたので、学習支援の場所にも意欲的に通ってくれている様子を見て、心配は小さくなっていったように思います。

ポイント

- 家族以外の支援者へ向けては、本人や家族に尋ねた質問のうち、二番目と三番目のみを尋ねます。必ず最初に、いい感じになっている本人や家族の状況を踏まえながら、そのようになるにあたって、支援者自身が具体的にどのような支援を、誰と協力しておこなったのかを尋ねていきます。
- ここでも、基本となるのは自分を主語とした話し方です。自分以外を主語にすると、つい「この人はこうすべき」というニュアンスが生じてしまいますから、本人でも家族でもなく、支援者である「私」が何をしたのか、という話し方を心がけましょう。
- 具体的な支援の内容については、本人や家族からまだ語られていない情報（本シナリオでは、地域での学習支援の情報提供など）が含まれてもかまいません。ただし、あくまで本人や家族の描写した「いい感じの未来」に沿った提案であるように留意しましょう。

（5）法務教官との会話

C：では、つぎにAさんの寮担任であったBさんにお聞きします。いまお聞きいただいていたように、2024年5月20日現在、Aさんもお母さんも、とてもいい感じで生活されているようです。こうした状況になるにあたって、Bさんはどんなことをなさってきたでしょうか？Bさん自身が取り組んだり、あるいは、誰かと一緒になさったりしたことはどんなことでしょうか？

B：はい。Aさんは専門学校進学を目指していましたので、在院中にもそのための学習サポートをしていました。具体的には、Aさんは在院中、「英語が苦手」と話していたので、私が得意な科目である英語のサポートをしました。また、進学先となる専門学校の情報については、私から院内の支援担当の部署にお願いして、調べていただいたりしました。

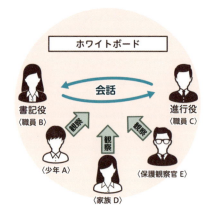

C：在院中の勉強のサポートと、専門学校の情報収集をされたのですね。では、去年の10月はまだAさんの出院前でしたが、その頃のBさんの心配事はどんなことだったでしょうか？　今のいい感じにいたるまでに、何がそれをやわらげてくれたのでしょうか？

B：そうですね…。出院後の友人関係については、お母さんも心配なさっていましたし、Aさんもそのことでお母さんと意見が違うと感じられているところもあって…。私自身、そうした状況について心配していたんですが、出院までに何度かお母さんを交えたリフレクティングを実施することができて、そこでお互いの声を聞き合いながら、出院後の生活のルールを一緒にすり合わせできたことが心配を小さくしてくれたように思います。

> **ポイント**
> - ここでも、本人や家族に尋ねた質問のうち、二番目と三番目のみを尋ねます。
> - 具体的な支援の内容について、それぞれの支援者から徐々に肉付けがなされていくことで、本人や家族、他機関の支援者にとっても、現在から「いい感じの未来」にいたる道筋が多様な角度から立体的にイメージできるようになっていくことがわかるでしょう。

(6) 未来から戻って当面の行動計画を考える会話

C：では、皆さんのお話をお聞きできましたので、名残惜しいですが、この2024年5月20日から2023年10月19日に戻りたいと思います。皆さん、また目を閉じていただけますか。私が手を叩いたら、2023年10月19日に戻っていますからね。3…2…1…、ハイ！　Eさん、今日は何日でしょう？

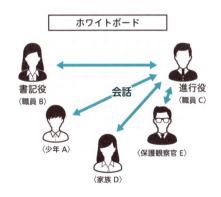

E：2023年10月19日、木曜日です。

C：ありがとうございます。ほかの皆さんも、途中ではぐれていませんね。では、先ほどまで旅していた2024年5月20日の未来の記録をBさんがホワイトボードにメモしてくださっていますので、あらためてそれをながめてみてください。皆さんいろいろなことをなさっていますね。（ここでしばし全員がホワイトボードの内容を見る時間を確保します）

では、Aさん、先ほど見てきたいい感じの未来に向けて、当面、どん

第 6 章　入所者とのさまざまなリフレクティング・ミーティング

　　なことができそうでしょうか？　また、誰と一緒にするのがよさそう
　　でしょうか？

A：えっと…。まずは試験に向けた勉強ですかね。あとは専門学校の情報
　　について、先生たちに協力してもらって調べられるといいかな、と思
　　います。

C：試験に向けた勉強をすることと、専門学校の情報を先生たちに協力し
　　てもらって調べることですね。それが当面、この一ヶ月くらいの行動
　　計画と考えられるでしょうか。

A：はい、やってみたいです。

C：Bさん、協力できそうですか？

B：はい、ぜひ。

C：出院後については、Aさん、いかがですか？

A：保護観察官のEさんに地域での学習サポートの情報を聞いたり…、あ
　　とは、お母さんと生活のルールを一緒に決めたいと思います。

C：具体的な行動計画ですね。では、つぎにお母さんに伺います。お母さ
　　んは、先ほど見てきたいい感じの未来に向けて、当面、どんなことが
　　できそうでしょうか？　また、誰と一緒にするのがよさそうでしょう
　　か？

D：そうですね…。生活上のルールを一緒に決めるというのがまず一つか
　　な、と思います。あとは専門学校の情報や試験に必要な教材なんかを
　　話し合って準備するっていうのができるかな、と。それから、あと一
　　ヶ月くらいで息子も戻ってくるので、ちゃんと勉強できるように部屋
　　を本人とも話し合いながら片づけたり、必要なものを準備したり…、
　　ですかね。あと、夕飯くらいはちゃんと一緒に食べたいな、と思うの
　　で、本人の好きな食べたいものを聞いておいて作れると、帰ってきや
　　すい雰囲気も作れるかな、と思います。

C：生活のルールをAさんと一緒に決めることと、Aさんが家に戻られ
　　た際の準備として、部屋を片付けたり、話し合って教材を準備した

134

り、Aさんが帰ってきやすいように好きなものを作ったり、ですね。ありがとうございます。では、保護観察官のEさんとしては、どんなことができそうでしょうか？

E：そうですね、一ヶ月くらいで出院というお話を聞いていますので、最初に保護観察所に来ていただく時までには、学習場所や学習サポートについての情報をお伝えできるように資料を準備しておきたいと思います。あとは、少年院の先生方やお母さんから情報を教えていただきながら、保護司の先生とも事前にしっかりお話しして、Aさんが戻ってこられてからスムーズにいろんな相談を受けたり、お手伝いできる体制を整えておきたいと思います。

C：Aさんの出院時に提供できるよう、学習場所や学習サポートについての資料を準備しておくこと、お母さんや少年院の教官から情報収集して、それを保護司さんとも事前にお話しして、出院後、スムーズに相談やお手伝いができるようにしておくこと、ですね。ありがとうございます。では、担任のBさんとしては、どんなことができそうでしょうか？

B：まずは在院中の学習サポートですね。あとは、出院後の生活についてAさんと話して、より細かいところも一緒に考えていければいいかな、と思います。希望する生活の仕方だったり、友達との付き合い方だったり、そういうところを一緒に考えていこうと思います。

C：在院中の学習サポートと、出院後の生活の細かい具体的なところについてAさんと一緒に考えていくということですね。ありがとうございました。

いい感じの未来に向けて、各々の当面の行動計画と協力関係が明らかになってきましたね。この行動計画の画像は、後で印刷して皆さんにお渡ししますので、どうぞ今後の参考になさってください。いい感じの未来でまたお会いできるのを楽しみにしています。本日はどうもありがとうございました。

第6章 入所者とのさまざまなリフレクティング・ミーティング

A、B、D、E：どうもありがとうございました。

ポイント

- 書記役は、現在に戻ったところで、ホワイトボードの上部に現在の日付と曜日を明記します。
- 進行役から、一人ずつ順番に、「当面どんなことをすることができそうか」「誰と一緒にそれをできそうか」を尋ね、その要点を行動計画として書き出していきます。
- ホワイトボードの大きさが足りない場合は二台使用し、一台のホワイトボードで未来での会話の記録をながめながら、もう一台のホワイトボードに行動計画を書きます。
- 完成した行動計画は写真に撮る、印刷するなどして、参加者全員が持ち帰れるようにします。

〔書記役の板書用フレーム〕

2023 年 10 月 19 日（木）	
	行動計画（当面の取組と協力関係）
A さん	（出院前） ・試験勉強に取り組む ・専門学校の情報を調べる ← 法務教官の先生たちと （出院後） ・地域の学習サポートの情報を調べる ← 保護観察官の E さんと ・生活のルールを決める ← お母さんと
D さん	・生活のルールを決める ← A さんと ・勉強用の教材、部屋の準備 ← A さんと相談しながら ・A さんが好きなもの、食べたいものを夕食に準備
E さん	・出院後に A さんに提供する学習場所や学習サポートについての資料を準備 ・出院までに A さんの情報を教えてもらう ← お母さん、法務教官と ・情報を保護司さんと共有してスムーズな相談ができるようにする ← 保護司さんと
B さん	・在院中の学習サポート ・出院後の生活の細かい点について相談していく← A さんと

第 7 章

矯正施設における心理的安全性

第7章 矯正施設における心理的安全性

　前章では、矯正施設において入所者や、その関係者を交えたリフレクティング・トークをどのように進めることができるのか、いくつかの状況に応じて具体的な手順とそのポイントを紹介しました。しかし、第1章でも触れたとおり、リフレクティングをたんに職員が入所者に対して適用する新たな処遇技法としてだけ受けとめるなら、それが本来、矯正施設全体に及ぼすことのできる素晴らしい可能性の多くを取りこぼしてしまうことになるでしょう。

　リフレクティング・プロセスとは、そこで会話がおこなわれるその場のあり方自体を、参加者全員にとって、風通し良く、居心地の良いものにしていく全体的なプロセスのことでした。曖昧に聞こえるかもしれませんが、第3章でも述べたように、そうしたプロセスなしには、せっかくの入所者とのリフレクティング・トークもたんなる一業務、表面的な茶番となり、入所者にとっても、職員にとっても、参加する皆にとってたんなる負担にしかなりません。そこで本章では、処遇としてのリフレクティング・トークが生き生きと実践されるために不可欠な、「矯正施設のリフレクティング・プロセス」について、近年注目されている組織の「心理的安全性」という観点から考えてみましょう。

7-1　心理的安全性とは

「心理的安全性」という言葉をすでにご存じの人もいるかもしれません。この概念は、もともと1950年代に心理療法家として知られるカール・ロジャーズによって個人の創造性を育む条件のひとつとして紹介されたものです。近年では、リーダーシップやチームワークの研究で知られるエイミー・エドモンドソンが、この概念の重要性をさまざまな領域（医療現場や企業など）における実証的研究を通して明らかにしたことで注目を集め、さらに、皆さんも馴染みがあるであろうGoogle社による大規模な調査を通して、効果的なチームや組織であるためには心理的安全性がもっとも重要であると確認されたことで、いまや世界中で関心が高まっています。

意外に感じられるかもしれませんが、それらの研究では、チームを構成する個人の能力や仕事量、働き方、在職期間などは、そのチームが効果的に機能するうえであまり重要ではなくて、心理的安全性こそがとりわけ重要な要素であることが確認されたのです。つまり、**優秀な人たちを集めたからといって、必ずしも優れた組織やチームができるわけではない**ということです。では、チームや組織においてそれほど重要な心理的安全性とは、いったいどのようなものなのでしょう。ひとまず、大まかに言うなら、それは**チームや組織において率直に自分の意見を述べても大丈夫と感じられる雰囲気**を意味しています。以下では、もう少し詳しくその内容を見ていきましょう。

(1) 心理的安全性をめぐる誤解

ここでは、心理的安全性とは具体的にどのようなことを意味しているのか、もう少し詳しく見ていくために、エドモンドソンによる研究に沿いながら、その要点を説明していきます。まず、「心理的安全性」とい

第7章　矯正施設における心理的安全性

う言葉のニュアンスから、よく生じがちな誤解について確認しておきましょう。

　第一に、心理的に安全な組織とは、自分や誰かが述べた意見に対して、いつも皆が優しく称賛したり、受けいれてくれたりするような、たんなる仲良しグループ（それが本当の意味で仲良しと言えるかどうかは大いに疑問ですが）を意味するものではありません。むしろその逆と言ってもいいでしょう。相手に気を使ったり、逆に気を使わせたりして（かつて流行語大賞にも選ばれた「忖度」という言葉が思い浮かびます）言いたいことを言えず、立場の強い人、声の大きい人の意見ばかりが通ってしまうような状況は、心理的安全とはほど遠いものです。

　つまり、**心理的に安全な組織であるためには、お互いの意見に対して誠実に向き合い、必要に応じて建設的な反対意見を気兼ねなく交換し合えるような風通し良い雰囲気こそが大切**なのです。もちろん、建設的な反対意見は、相手の人格を否定したり、一方的に決めつけたりすることとは全く異なります。他者と一緒により良い仕事をしていくために、それぞれが真摯に異論を伝え合い、聞き合うのです。たとえ言いにくいことであっても、言うべきことはお互いにきちんと述べること。そして、そうした難しい話し合いから逃げようとしない組織の姿勢こそが、そこで求められるものです。

　第二に、「心理的」という言葉からは、それが個人の心の問題と捉えられてしまうかもしれませんが、そうではありません。**個人が内向的であるとか外向的であるとかは、まったく関係がありません**。それは個人を鍛えれば何とかなるようなものではなく、組織やチーム全体の雰囲気にかかわるものなのです。つまり、心理的安全性は職場の組織風土の問題なのであって、外向的な人にも、内向的な人にも、同じように大きな影響を及ぼすものと言えます。そのため、心理的安全性を高めようとするなら、そのための取り組みは個人に委ねられるべきものではなく、**チームのリーダーや組織のトップが率先して、そのような組織風土を育む**

ための仕組みや環境を整えていくことが求められます。

　第三に、心理的に安全な組織は、高い目標を掲げず、のんびり気楽に過ごせるような組織を意味するものではありません。むしろ、心理的に安全な組織では、より率直に話し合いがおこなわれ、新しいことにチャレンジすることが歓迎され、積極的に協力し合えることで、複雑な課題に対して、より高い成果をあげるための職場環境の土台が整えられることになります。ただし、大切なことはその順番です。**まずは心理的安全性が確保されたその後で、はじめてそうした成果は可能となる**ということです。

　逆に、高い目標やノルマだけが課されていながら心理的安全性が低いままの組織では、仕事の質にも組織のメンバーの安全にも、ネガティブな影響が生じてしまうことになるでしょう。そのような状況では、職員は目先のことだけを何とかする、あるいは、場当たり的にごまかすことに労力が費やされて徐々に消耗してしまうでしょうし、やがてそれは、チームや組織の根幹を蝕んで、深刻な問題を引き起こすことにさえつながるかもしれません。

（2）心理的安全性を損なう職場環境

　心理的に安全、すなわち、組織において率直に自分の意見を述べても大丈夫と感じられるには、職場で直面することになる次のような不安が解消されねばならないとエドモンドソンは指摘しています。

　①**無知だと思われる不安**：職場で疑問を感じることがあっても、何かを質問したり、情報を求めたりしたら、自分が無知だと思われてしまうのではないかという不安。

　②**無能だと思われる不安**：自分の間違いを認めたり、助けを求めたり、失敗の可能性を認めると、自分が無能だと思われてしまうのではないかという不安。

③**ネガティブだと思われる不安**：組織で取り組んでいる仕事を批判的に吟味しようとすると、難癖をつけるネガティブな人間と思われてしまうのではないかという不安。

④**邪魔をする人だと思われる不安**：他の人に何かの意見を求めると、煩わしい人、忙しいのに周囲の時間を奪う人と思われてしまうのではないかという不安。

　他者と一緒に仕事をしていく毎日の中で、こうした不安は誰もが抱えているでしょうし、場合によっては、それがたんなる不安ではなく、実際に上司からの評価に影響したり、周囲から「面倒な人」というレッテルを貼られたりしてしまう可能性もあるでしょう。しかし、こうした不安が放置され、**何かを率直に発言することがリスクと感じられてしまうような組織風土こそ、本来言うべきことが言われず、気づかれている問題が指摘されず、共有されるべき情報が上げられず、大きな問題を引き起こしてしまう職場の状況を生み出す要因**なのです。

　実際、複数の病院においてスタッフの心理的安全性と患者の安全との関係を調査した研究によれば、心理的安全性の高いグループの方がスタッフはリーダーに対してより多くのミスを報告しており、なおかつ、そうした心理的安全性の高いグループの方が、実際のミスの数は少なかったことが明らかにされています。つまり、叱られたり、自分の評価が下がったりすることを恐れる心理的安全性の低い部署では、ミスがあっても報告されず、実際には水面下において、より多くのミスが発生し続けていたわけです。このように、「ミスの数」という表面的な数値の結果に振り回され、「良い知らせ」しか聞きたがらない上司のもとでは、本当に大切にされるべき仕事の実質が損なわれていくことは明らかでしょう。

7-2　矯正職員の心理的安全性のための　リフレクティング

　機械的に効率を上げることが志向される単純作業とは異なり、多くの人々が相互に関係しあっている複雑な仕事ほど、こうした心理的安全性がその結果の実質に大きな影響を及ぼすことが知られています。そして、言うまでもなく矯正の現場は、多くの人々がかかわる、しかも、決してわかりやすい正解があらかじめ存在しているわけではない「更生」という難題に日々向き合う実に複雑な仕事の場です。その成果自体、とても特定の数値に単純化したり、限られた時間内で明確化したりできるようなものではないことが多いでしょう。もちろん、**自分たちの実践を真摯に振り返り、改善していくための評価や研究の仕組み自体は不可欠ですが、組織が表面的な結果を出すことに追われ、それによって現場が疲弊してしまっては本末転倒**ということになります。

　では、矯正の現場で組織の心理的安全性に必要な注意を払いながら、日々の仕事や新たなプロジェクトなどに取り組んでいくには、どのようにしたら良いのでしょうか。以下では、筆者と共同研究をおこなっている福岡少年院や美祢社会復帰促進センターでの試みをいくつか紹介したいと思います。

(1) 組織における心理的安全性の調査

　筆者と共同研究をおこなっている矯正施設では、年に二回、施設の全職員を対象に、各種のウェルビーイング（充実・幸福）と職場での仕事の状況、そして、自部署での心理的安全性に関する調査を実施しています。心理的安全性を測定する尺度は、エドモンドソンの研究で使用されているものに準じて筆者が日本語化した次のような項目からなります。

第 7 章　矯正施設における心理的安全性

●あなたから見た職場（あなたの属する身近な部署内）の現在の状況についてお答えください。

※それぞれ「全く当てはまらない」を「1」、「非常に当てはまる」を「7」として、1から7のいずれか
　当てはまる数字に○をしてください。

第 10 問　現在の職場の中でミスを犯してしまうと、多くの場合、責められることになる。

全く当てはまらない　1　2　3　4　5　6　7　非常に当てはまる

第 11 問　現在の職場の中で、何らかの問題や困難な事案が生じたら、それについて取り上げ、
　　　　　話し合うことができる。

全く当てはまらない　1　2　3　4　5　6　7　非常に当てはまる

第 12 問　現在の職場では、ときどき、異質な人たちを受け入れないことがある。

全く当てはまらない　1　2　3　4　5　6　7　非常に当てはまる

第 13 問　現在の職場では、思い切ったことをしても大丈夫だ。

全く当てはまらない　1　2　3　4　5　6　7　非常に当てはまる

第 14 問　現在の職場で助けを求めることは難しい。

全く当てはまらない　1　2　3　4　5　6　7　非常に当てはまる

第 15 問　現在の職場では、誰もわざと私の努力を台無しにするようなことはしない。

全く当てはまらない　1　2　3　4　5　6　7　非常に当てはまる

第 16 問　現在の職場で働いているとき、私のスキルや能力は評価され、役立てられている。

全く当てはまらない　1　2　3　4　5　6　7　非常に当てはまる

図 7-1　心理的安全性の調査用尺度

問 10、12、14 は、逆転項目といって、他の項目とは評価の向きが逆になっている設問です。したがって、これら 7 つの設問への回答の平均値（逆転項目については、数値を逆転させたもので計算）が回答者の感じている現在の職場の心理的安全性ということになり、その数値を部署単位で集計・分析すれば、それぞれの部署の心理的安全性の状況が最低 1 点から最高 7 点のあいだで算出されることになります。

　もちろん、こうした数値が複雑な職場の現実のすべてを表現しているとは言えないでしょう。筆者たちの調査では、心理的安全性に関する項目や、他の数値化できるいくつかの質問項目に加えて、現在の職場の状況について感じていること、気になっていることを自由記述で書き込める質問もおこなっています。実際、そこでは毎回、多くの率直な（組織の管理職から見れば、ときには耳が痛く感じられるかもしれない）意見が示されています。また、職員の皆さんがそのように率直な意見を安全に述べることができるように、この調査の回答は匿名、かつ、調査票は組織の外部者である筆者の研究室で集計・分析をおこなうことにしています。

　集計・分析をおこなった結果については、できる限り各部署から代表者に参加いただいて、筆者から施設の皆さんに対面でフィードバックの機会を設けています。こうした調査にありがちなことですが、ただ調査をするだけして、フィードバックが得られなかったり、問題が明らかとなってもそのまま何のアクションにもつながらなかったりしたら、いったいどうなるでしょうか。「せっかく調査で現状を訴えたのに、うちの現場の問題は何も変わっていない」「結局あの調査は何のためだったのか？」という疑問や不信感が高まり、かえってモチベーションが下がってしまうことは当然でしょう。ですから、組織単位で調査結果についてしっかり共有し、振り返る取り組みが大切なのです。

　こうした調査を継続的に実施していけるなら、自分の所属している組織、部署の心理的安全性が現在どのような状況にあるのかを、時間的経過の中で把握することができますし、その背景にある率直な声を共有し

第 7 章　矯正施設における心理的安全性

たり、他部署と自部署との状況の比較や幹部職員と他の職員との現状認識を比較したりすることも可能となります。いわば定期的な健康診断や人間ドックの組織版であり、自部署の健全さについて考える機会なのです。

（2）心理的安全性を育む会話

　言うまでもないことですが、こうした調査の結果を扱う際に大事なことは、特定の部署の心理的安全性が低いという結果が明らかになった場合に、決してその部署の人たちが（もちろん、その部署のリーダーも含めて）周囲から責められるようなことがあってはならないということです。ましてや、その部署のリーダーがスタッフたちに「うちの部署の心理的安全性が低くて恥をかいた」などと怒ったりするのは論外です。そんなことになれば、それこそ職場における心理的安全性は遠のいていくばかりでしょう。

　健康診断や人間ドックの場合と同様に、なすべきことは**目先の結果を悔やんだり、見て見ぬふりをしたりすることではなく、どのようにすれば自部署の、さらには組織の心理的安全性を回復していけるのか、皆で意見を出し合い、工夫し、取り組んでいくこと**にほかなりません。このとき、各部署のリーダー、施設のトップが発揮すべきリーダーシップは、心理的安全性を確実に職場に広げ、スタッフが本当のことを話せる機会と場を確保することです。しかし、本当にそんなことができるのでしょうか。

　ここで、第 2 章で紹介したワグナーの言葉を思い出すことができるでしょう。自身が長年勤務したカルマル刑務所（世界で最初にリフレクティングに取り組んだスウェーデンの矯正施設）でのリフレクティングの成果について、彼女はこう振り返っていました。「私自身は、刑務所の雰囲気に注目しています。それは、より友好的、かつ、はるかにプロフェッショナルになり、リハビリテーションに向けたケアと仕事がなされてい

146

ます。もめ事は、職員が自分たちでトライアローグを用いた会議をおこない、新しい効果的な方法で解消されます。効果のひとつは、刑務所内で生じることへの不安な気持ちが消えたことです」。

「刑務所の雰囲気」という言葉は、ずいぶん曖昧に感じられるかもしれませんが、たとえば、2015 年に矯正局「女性職員の執務環境改善プロジェクト・チーム」によって実施された「女子刑事施設等における執務環境に関するアンケート」（対象には当該施設の男性職員も含む）の結果では、離職を考えたことのある職員によって最も多くあげられたその理由が「職場の雰囲気や独特の職場慣行に馴染めず、自分はこの仕事が向いていないと思った」ことでした。同調査では、勤続年数が比較的短い女性職員における勤務状況に関する最多の不満が「職場の雰囲気」であることも確認されています。こうした事実を踏まえるなら、**職場の雰囲気こそ矯正職員が仕事を続けていくうえで無視できない重要な要素**であることがわかるでしょう。

そして、ワグナーが述べている「友好的かつプロフェッショナルな雰囲気」や「刑務所内で生じることへの不安な気持ちが消えたこと」が、ここまで述べてきた組織の心理的安全性の概念に大きく重なるものであることについては、もはや言うまでもないでしょう。職場の雰囲気や心理的安全性という、一見、具体的な改善に取り組むことが難しそうな扱いづらい事柄こそ、その場で過ごす人々にとって本質的に大切なことなのです。しかもそれは、カルマル刑務所での先例に見られるように、職員間でのリフレクティングというきわめて具体的な取り組みを通して、地道に育んでいくことができるのです。

実際、筆者が共同研究に取り組んでいる国内の矯正施設でも、心理的安全性を含む職員調査の結果を踏まえて、実際にリフレクティング・トークの場を開くことが試みられています。たとえば、他部署と比較して明らかに心理的安全性が低くなっている部署（同じ調査の自由記述では、その部署でハラスメントとみなされる事態が生じていることも訴えられていまし

第7章　矯正施設における心理的安全性

た）のスタッフたちを話し手として、筆者を聞き手、施設長を観察者とするリフレクティング・トークの場を開き、それぞれが感じている不安やモヤモヤ、しんどさを聞き、それについてオープンに話し合う試みもなされました。

　最初にこうした会話の場を開くには、耳の痛い話であっても聞こうとする**組織のリーダーの覚悟、そして、不安を抱えながらも率直な思いを話そうとするスタッフの勇気**が必要ですが、それが表面的にではなく、実質を伴って丁寧な配慮のもとで実現されるなら（そのために一定のリフレクティングの経験を有する第三者を聞き手として招くことも、ひとつの有効な方法です）、現場のスタッフにとって、自分たちのしんどさが無視されたり、放置されたりしていないということを実感できる機会になるでしょうし、組織のリーダーにとっても、あらためて現場の声にじっくり触れ、組織のあり方について具体的に考える機会となるでしょう。

　もちろん、危機的状況に限らずとも、日常的に職員間でのさまざまなリフレクティング・トークの機会を持つことは、お互いの思いや意見を風通し良く話し、聞き合うことができる組織風土を育み、心理的安全性を保つうえで、きわめて実践的な方法です。もしかすると、かつては（一部では今も）職場の喫煙所や飲み会といった場所が、そのような仕事上とは別種のコミュニケーションの回路として生かされていたかもしれませんが、おそらく若い世代ほど、そうした場を敬遠する人も増えつつあるでしょう。また、くだけた場であっても、本人のいないところで勝手な噂話がなされてしまうのは、かえって組織の心理的安全性を損なうことにもつながりかねません。したがって、お互いが安心して働き続けられるためには、仕事に関してオープンに、率直に意見交換できる機会を、きちんと仕事の中に位置づけていく必要があるのです。

　そうした時間を業務時間内にきちんと確保するためには、トップの決断が求められますし、組織全体で業務の効率化（たとえば、無駄な書類仕事などをできるだけ削減、簡略化していくこと）に取り組むことも不可欠で

148

しょう。そのため、もしかすると、このような話は、現在の組織のあり方や仕事量を踏まえるとき、読者の皆さんにとって、とても非現実的な夢物語と感じられるかもしれません。

　しかし、オープンダイアローグ発祥の地として世界的に知られるフィンランド西ラップランドのケロプダス病院にしても、彼らはそこでたんに患者とのダイアローグ実践（現場では、ネットワーク・ミーティング、あるいは、トリートメント・ミーティングと呼ばれる話し合いの場）だけに取り組んだのではありません。病院組織、専門職チームのあり方自体を旧来の体制から風通しの良いものへと変化させながら、望ましい新たな精神医療のかたちを地域全体として実現してきたのです。そこでは、従来、臨床場面において絶対的なパワーを有していた精神科医もまた、さまざまな職種からなるチームにおける対等な一員として位置づけられ、風通しの良いコミュニケーションがなされていました。

　たとえば、筆者はケロプダス病院でのトリートメント・ミーティングの場に幾度か同席したことがあるのですが、あるとき、退院予定の患者を交えた比較的大人数（十名ほど）でのミーティングの後、「このなかで誰が医師なのか当てられますか？」と尋ねられました。おそらく、日本の医療現場であれば、日本語を理解できない外国人であっても、そこでの発言の仕方や人間関係の雰囲気、座席の位置、服装などから、医師の判別は比較的容易でしょう。しかし、ケロプダス病院のミーティングの場では、（患者本人も含めて）ごく自然に皆が対等に話し合う雰囲気があり（誰も白衣など来ていないこともあり）、筆者にはまったく言い当てることができませんでした。そして、筆者がそれを判別できないことを、彼らはとても喜んで、「自分たちはそういう雰囲気を目指しているんだ」と話してくれました。

　もちろん、彼らもまた、時間をかけて試行錯誤しながら、立場や職種、経験年数が異なっていても、率直に意見を出し合い、話し合えるような雰囲気を、自分たちの手で徐々に育てていったのです。そのため、

ケロプダス病院では、スタッフ間での会話の時間（それは形式的な会議とは別に、それぞれのスタッフがいま気になっていることをじっくり話し、聞くための時間です）が定期的に確保されていました。そうした時間の積み重ねを土台にしてこそ、立場を超えたスタッフ間の信頼関係の構築、臨機応変な対応が求められる現場のチームワークが育まれていったことを忘れてはならないでしょう。

　以上、本章において見てきた心理的安全性を育むための調査研究やその結果を踏まえた会話の機会、さらに、職員間の信頼関係やチームワークを高めるためのリフレクティング・トークの場の確保といった取り組みは、本書の最初に述べた風通しの良い組織風土を育むリフレクティング・プロセスにほかなりません。**施設全体がそのようなリフレクティング・プロセスに取り組み続けることで、日々の入所者とのリフレクティング・トークにおける会話もまた、実質のある生きたものになる**のです。

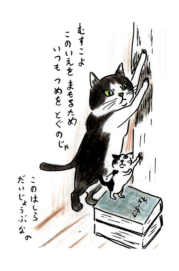

第 **8** 章

職員間でのさまざまな
リフレクティング・
ミーティング

みんな　なかよくなくはなし

第8章　職員間でのさまざまなリフレクティング・ミーティング

　前章で述べてきたとおり、矯正施設という職場において、職員の心理的安全性は、矯正施設が社会から期待されている「更生」という大切な役割を遂行するためにも、それぞれの職員が生き生きと働き続けられるためにも欠かすことができません。そして、職員間でのさまざまなリフレクティング・ミーティングを活用していくことは、風通しの良い職場を実現し、職員の心理的安全性を確保していくことに大いに役立つものです。そこで、本章では、職員間でおこなうことが可能かつ有効なリフレクティング・ミーティングについて、そのバリエーションを会話事例とともに見ていきましょう。

8-1　若手職員のフォローアップの会話

　各地の矯正施設では、さまざまな形で現場での職員教育（On the Job Training、略して OJT）がなされていることと思います。たとえば、新人職員や勤務経験が比較的浅い若年職員が配置された際、メンター制度を用いて、先輩職員が後輩への助言や指導を丁寧におこなっているところもあるでしょうし、いわゆるスーパーヴィジョンとして、上司が部下と定期的に一対一で面談して、管理・教育・支援をおこなっているところもあるでしょう（最近では、1on1 ミーティングなどと呼ばれることもあります）。人口減少の進む日本社会において、せっかく矯正の道を歩み始めた新人職員、若手職員をしっかり大切に育てていくことは、矯正施設の大事な役割のひとつと言えます。

　しかし、制度としてのメンター制度やスーパーヴィジョンが存在したとしても、それだけでうまくいくとは限りません。メンターや上司との相性や人間関係次第では、そうした場で本音を話すことが難しかったり、（たとえ上司や先輩職員にそんなつもりはなくても）理不尽な指導や非難をされたと感じて、かえってしんどくなったり、傷ついたりすることさえ生じてしまうことも事実でしょう。そうした恐れへの防御として、上司や先輩との面談の場では、多くの場合、若手職員から「順調です」「何も問題ありません」「大丈夫です」という表面的な応答が最初に出てくるのです。

　その一方、矯正の現場から大切な同僚や後輩たちが、さまざまな仕事上の負担や人間関係が原因で離職していく姿を見て、ひそかに残念な思いを持っている方も少なくないのではないでしょうか（とくに女性刑務官の離職率の高さについては、以前から指摘されています）。もちろん、離職の理由は人それぞれでしょうが、「名古屋刑務所職員による暴行・不適正処遇事案に係る第三者委員会」が実施した調査によれば、刑事施設にお

第8章　職員間でのさまざまなリフレクティング・ミーティング

いても、少年施設においても、仕事上のストレス原因としてもっとも大きかったのは、圧倒的に「職場での人間関係」であり、その割合は、「業務の内容」、「執務環境・勤務形態」、「被収容者との関係」といった項目をはるかに上回っていました。**もし身近に信頼できる上司や先輩職員がいて、風通し良く心配事や悩みを話せる人間関係が保たれるなら、しんどい状況から救われる矯正職員は少なくない**はずです。

　すでにここまで本書を読み進めてきた読者の皆さんであればお察しのとおり、こうした機会をつくるうえでリフレクティングはとても有効です。リフレクティングを用いた若手職員のフォローアップ（ここで言うフォローアップとは、その人の変化や成長を追いつつ、しっかり見届けていくことです）は、従来の上司と部下、あるいは、メンターとメンティーによる一対一の個別面談に比べて、三者以上での風通し良く会話できる機会をつくれることが特徴です。

　話し手となる若手職員にとって、たった一人の上司や先輩に「こういう時はこうするものだ」と指導されても、あまり腑に落ちないことがあるでしょうし、まして別の機会に他の先輩から異なる指導を受けたりすれば、混乱と不安が余計に大きくなるばかりでしょう。だからこそ、一度に複数の先輩たちの考え方に触れることができ（しかも、自分には指導の矢印が向けられることなく）、そこから自分にとって有用なものを自由に、主体的に選び取っていくことができるリフレクティング・トークが有効なのです。

154

8-1　若手職員のフォローアップの会話

〔登場人物プロフィール〕

職員F　刑務官として刑務所の処遇部門に入職して一年目の新人職員。

職員G　職員Fが働く刑務所の教育専門官。
施設におけるリフレクティング・プロジェクトのコア・メンバー。

職員H　職員Fが属する部署の統括の立場にある刑務官。

職員I　職員Fとは異なる部署の主任である刑務官。
施設におけるリフレクティング・プロジェクトのコア・メンバー。

(0) はじまりの会話

G：皆さん集まってくださって、ありがとうございます。今日は入職してそろそろ一年になるFさんのフォローアップということで、Fさんの上司であるHさん、Fさんが希望された先輩職員のIさんとともにリフレクティングをしていければと思います。進行は私がさせ

話し手〈職員F〉

観察者〈職員H〉

聞き手〈職員G〉

観察者〈職員I〉

ていただきますので、よろしくお願いします。Fさん、少し緊張などされていますか？

F：いえ、大丈夫です。

I：新人の時にこうして先輩や上司に囲まれたら、自分も緊張していたと思いますよ。ただ、今日は指導やお説教ということではなくて、Fさ

155

第 8 章　職員間でのさまざまなリフレクティング・ミーティング

んが少しでも安心して仕事に取り組めるように、F さんの話を聞い
て、一緒に考えていければという集まりです。私たちも新人職員の頃
には、わからないことや戸惑うことも多かったですから。ね、H さ
ん。

H：そうですね。初回なので難しいかもしれませんが、F さんが思ってい
ることを率直に話してもらえればと思います。もちろん、ここで何か
言ったからといって、あとで叱ったりはしないので（笑）。

G：I さん、H さん、ありがとうございます。今日の会話の進め方として
は、最初に F さんのお話を私がお聞きして、そのあいだ I さん、H さ
んには、その会話には参加せず、ただ聞いていていただきます。その
後、今度は I さんと H さんで、F さんと私の会話について会話してい
ただきます。その後、また、F さんと私の会話にもどるという流れで
す。

I：リフレクティングの流れですね。F さんも H さんも研修ではお聞きに
なったことがありますよね。

H：そうですね。私は入所者を交えたリフレクティングの観察者を経験し
たことがあります。

F：私はリフレクティングの研修に参加したことがあるだけですが、今
後、実践していくことになるので、経験できるのは、ありがたいで
す。

156

ポイント

- 参加者がリフレクティングに慣れていない場合、リフレクティングの聞き手経験者が会話の場の進行役を担えると良いでしょう。そのため、ここでは四者による会話を例示していますが、慣れてくれば三者によるトライアローグで実施することも可能です。
- 直属の上司ではない先輩職員（事例では職員 I のポジション）として誰に参加してもらうのかについては、話し手となる人（事例では職員 F）にあらかじめ希望を尋ねて調整します。
- 上司や先輩に囲まれた面談の場では、話し手となる若手職員は緊張せざるをえないでしょうし、自分の評価を気にして「大丈夫です」「何も問題ありません」と答えてしまいがちです。できるだけリラックスして、率直に話せる雰囲気を心がけましょう。

（1）ターン 1：話し手と聞き手の会話 1 回目

G：では始めていきましょうか。今日は今から 40 分ほど時間がありますが、F さんはこの時間をどんなふうに使いたいでしょうか。何か話されたいことなどありますか？

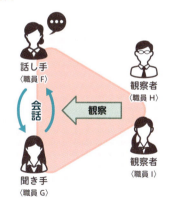

F：そうですね…。とくに困っていることや問題はないのですが、仕事について、早くちゃんとできるようになりたいという気持ちがあります。先輩たちがどんなふうにやっているのかを見ているんですが、先輩方のようには自分ができていないな、と感じることが多くて…。

G：ちゃんとできるようになりたいと思いながらも、先輩たちのようにできていない感じですか。

F：はい。同じ部署の先輩たちは、皆さん経験豊富で、いろいろなことに

第 8 章 職員間でのさまざまなリフレクティング・ミーティング

気が回って、さすがだと感じています。それに比べてあまりに自分は
気が利かないというか、抜けていると感じることが多くて…。もちろ
ん、最初のころに比べれば、少しずつできるようになっていることも
あるんですが…。何かわからなくても、皆さん忙しくされているの
で、その場でいちいち質問することはできませんし…。自分がちゃん
とできるようになればいいのですが…。

G：先輩たちに比べて自分は気が利かないと感じているんですね。同時
に、少しずつできるようになっている感じもある。ただ、わからない
ことを質問するのが難しい時もある、という感じでしょうか。

F：はい。自分から尋ねれば教えていただけるんだろうとは思いますが、
どうしても仕事中にそのタイミングを見つけるのは難しいですし…。

G：もし、よろしければ、仕事のなかで「わからないな」と感じた場面の
お話について、もう少し教えていただけますか？

F：そうですね。ちょっとしたことなんですが、たとえば…。

（以下、FとGの会話が続くが途中省略）

G：ここまでのお話を聞いて、観察者のお二人にもいくつかアイデアが浮
かんでいると思います。Fさんがよろしければ、お二人の話を聞いて
みることもできますが、いかがでしょうか。

F：はい。お願いします。

G：では、聞き流す気持ちで大丈夫ですから、どうぞ楽にしていてくださ
いね。

158

> **ポイント**
> - 基本的な手順や会話の作法は、本書で見てきたリフレクティング・トークと同様です。
> - 話し手が職場の後輩の場合、施設の入所者との会話以上に、つい助言や指導をしてしまいたくなるかもしれませんが、聞き手はあくまで話し手の話を丁寧に聞くことに集中します。もちろん、話し手が話しやすいように、相手の話に興味を示す問いかけ（たとえば、「それについて、もう少し教えていただけませんか？」など）はしてもかまいません。
> - 観察者となる人は、話し手にプレッシャーを与えないような座席の位置、態度を心がけ、話し手と聞き手の会話に静かに耳を傾けます。

（2）ターン2：観察者の会話1回目

I：では、今のFさんのお話を聞いて、私たちが思ったことを話していければと思いますが、いかがでしょうか。

H：そうですね。まず、Fさんが仕事を「早くちゃんとできるようになりたい」と話しているのを聞いて頼もしく感じました。まだ一年目ですから、あまり焦る必要はないとも

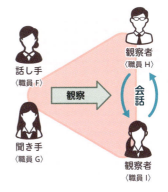

思いますが、現場に出れば、やはり一人の刑務官として入所者に向き合わないといけませんから、プレッシャーもあるのではないかと思います。ただ、自分の一年目を思い返すと、必ずしもそんなにしっかりできていたわけではなかったな、とも思っていました。

I：私は、Fさんが仕事中にわからないことを「先輩に質問するのが難しい」と話されていたことが印象に残っています。たしかに仕事中は職員たちも忙しく動いているので、それを呼び止めてまで質問するとい

第8章　職員間でのさまざまなリフレクティング・ミーティング

うのが難しいということがあるかもしれません。

H：そうですね。一年目ですし、まだわからないことがあるのは当然と言えば当然ですから、そういう質問ができるタイミングをこちらが積極的に確保していく必要があるな、ということに気づかされました。もう少し年数が近い職員がいると話しやすいのかもしれませんが、うちの部署はFさんのすぐ上でも比較的経験年数の長い職員ばかりなので、なおさら声をかけづらいところがあるかもしれません。

I：そう言われれば、そうですね。そうするとFさんが「先輩方のようには自分ができていない」と話されていたことについても、そこで比較している先輩職員たちはすでにかなり経験を積んでいる人ばかり、ということも考えられそうですね。

（以下、HとIの会話が続くが省略）

ポイント

- 観察者が一人の場合は、ここでの会話に聞き手も参加しますが、観察者が二名以上の場合は、聞き手は話し手とともに観察者の会話を聞いていることもできますし、リフレクティング・チームの一員として会話に参加することもできます。どちらが望ましいかは、事前に話し手も交えて決めておけると良いでしょう（これは、入所者を話し手とするリフレクティングに二名以上の職員が観察者として参加できる場合と同様です）。

- ここでの会話は、必ず話し手が話していた言葉（大切と感じられた印象的な言葉）を最初に置くことからスタートします。

- 話し手に対して上司や先輩にあたる人々の会話では、つい「若手はこうすべきもの」という一般論の方向に進みがちかもしれませんが、リフレクティングではそうした一般論やお説教は避け、話し手の発言を丁寧に受けとめます。

- 会話のなかで自分の経験に触れる際も、長くなり過ぎると自分語りの時間になってしまいますから、あくまで話し手の話に沿う範囲で手短に話すように心がけましょう。

160

（3）ターン3：話し手と聞き手の会話2回目

G：いまHさん、Iさんが話されているあいだに、何か思い浮かんだことなどあるでしょうか？

F：はい。自分の話をお二人が受けとめてくださっていて、まずはうれしかったです。たしかに、自分の部署は自分だけが一年目で、その上は近い先輩でも六、七年目以上の方々なので、そこと比較して、自分がまだできていないと感じるのは仕方ないことなのかもしれないと思いました。

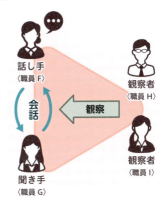

G：自部署では経験の長い先輩しかいないので、そこと比較したら、できないことがあるのも無理はないと気づかれたわけですね。それまでは、同じ部署の人たちと同じように仕事ができないといけない感じだったのでしょうか？

F：そうですね。もちろん、頑張らないといけないのですが、あまりにも自分が焦り過ぎているところもあったかな、と。それから、仕事で気になることについて質問できる機会をつくってくださると聞いて、すごくありがたいし、そういう機会があると安心できそうです。

G：Fさんとしては、どのくらいの頻度というかタイミングで、どんな形でそういう質問できる機会が確保されると良さそうですか？

F：うーん…。具体的にはすぐに思いつかないのですが、短い時間でも、たまにあると助かります。もちろん、すぐに確認しないといけないことは、その場で先輩職員の方に教えていただくようにしようと思いますが、人によって指示が違ったりすることもあるので…。そういう不安な点を確認できる機会があると、ありがたいです。

G：そうすると、定期的に、一人の先輩ではなくて今日のように二人以上

の先輩と一緒に話せる機会があるといい感じでしょうか？

F：そうですね…。

（以下、FとGの会話が続くが省略）

> **ポイント**
>
> - 観察者の会話の後、話し手と聞き手のターンに戻る際には、聞き手から話し手に今どんなことが思い浮かんでいるかを大きく尋ねることからスタートします。くれぐれも聞き手が誘導して「Hさんから○○という話が出ていましたが、どうですか？」というふうに話題を絞り込んでしまわないように気を付けましょう。
> - 話し手自身が取り上げた話題については、聞き手も一緒にサポートしながら掘り下げて、具体化できる部分は具体化していきます。

(4) ターン4：観察者の会話2回目

I：FさんとGさんの話を聞かれて、Hさん、いかがでしょうか。

H：そうですね。「仕事で気になることについて質問できる機会があると安心できそう」というFさんの言葉を聞いて、「安心」というのは大切な言葉だな、と考えていました。そして、どんなタイミングで、ど

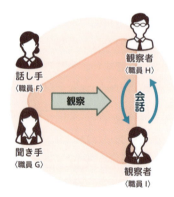

んな形でFさんの気になることを聞いていけるのがいいのだろうか、と私のなかで考えていました。また、Fさんが話していたように、自部署内では一番近い若手の先輩でも、Fさんと経験年数も年齢も離れているので、そんななかで先輩たちの仕事のやり方がそれぞれ違うと、Fさんとしては誰のやり方を参考にすればいいのか、不安になることもあっただろうと気づくことができました。

8-1 若手職員のフォローアップの会話

I：そうですね。そういう意味でも、Fさんが言われていた「不安な点を確認できる機会」は有効な取り組みになりそうに思いましたが、Hさんとしては、今の時点ではどんな形でそういう機会を開くことをイメージされていますか？

H：今日のように、二人以上の先輩と話せる形を希望されているようでしたから、ひとつの案として、部署の統括である私と、Fさんが希望する先輩職員とで、コンパクトにリフレクティングで話せるような機会をつくることもできるのではないかと思いました。それであれば、少なくとも月一回くらいは時間をつくれるのではないかと思います。もちろん、私が入らない方が話しやすい場合もあるでしょうから、そこはその時々で希望を聞きながら調整できればと考えています。

I：なるほど。今日は教育専門官のGさんに聞き手をしていただいていますが、もしFさんが希望されれば、私やほかの部署の誰かに参加してもらうのもありでしょう。いろいろな先輩の話を聞ける方が、もしかするとFさんの安心につながるかもしれませんし。

H：それは心強いですね。タイミングについては、いくつか考えられるのですが…。

（以下、HとIの会話が続くが省略）

ポイント

- ここでも、きちんと話し手の具体的な言葉を最初に置いて、そこから話し始めることを留意します。
- 大切なことは、急いで解決策を提示することではなく、話し手がそのように話していること自体を丁寧に受けとめることですが、同時に、可能と思われる具体的なアイデアが生じたなら、そのアイデアを話し手に押しつけるような言い方ではなく、あくまでさまざまな可能性のうちのひとつの案として、自分の足元にそっと並べるように置いていきましょう。

（5）ターン5：話し手と聞き手の会話3回目　会話のしめくくり

G：さて、時間的にはこのターンで今日の会話は一段落ということになりますが、まずはHさん、Iさんの話のあいだに思い浮かんだことなどありますか？

F：お聞きしながら、安心したような、うれしいような気持が湧いてきました。このところ、仕事のことで自分がしんどくなっていたことにも、あらためて気づくことができました。仕事しながら、やり方に自信がないと、どんどん自分のなかでネガティブな感じが大きくなってくるので…。

G：しんどかったですね…。

F：はい…。複数の先輩に気になっていることを質問できる機会をつくっていただけるというのは、本当に心強いです。仕事のやり方でも、それぞれ違う部分もあるでしょうし、必ず押さえないといけない共通している部分もあるでしょうし、そういうお話を伺いながら、自分なりのやり方を考えていけると、おかしなことにならないんじゃないかと思います。

G：そうすると、希望する先輩職員二人とのリフレクティングの機会についてHさんが話されていたアイデアは、Fさんが自分なりの仕事のやり方を安心して探求していくのに、いい方法かもしれませんね。具体的な進め方について「こうできるといいな」というのはありますか？

F：提案していただいたように、統括にリフレクティングに入っていただきたい方の希望をお伝えして、一度やってみながら、また考えられるといいのではないかと思っています。

G：たしかに、やってみないとわからないし、やってみて気づくこともあ

るでしょうから、それがいいかもしれませんね。今日の会話を通して、Fさんの仕事における気がかり、不安について、具体的にできそうなことが見えてきましたが、いかがでしょうか？

F：はい。リフレクティングの話し手というのを初めて実際に体験したのですが、こんなふうに聞いてもらえると、どれだけ気持ちがすっきりするのか実感できました。自分もいずれは聞き手や観察者として、誰かの話をきちんと聞けるようになっていきたいと思いました。もちろん、話し手としても、また話を聞いていただきたいです。

G：そうですか。そう言っていただけて、私もうれしいです。またお話を聞かせていただく機会を期待しています。今日はどうもありがとうございました。

F：こちらこそ、ありがとうございました。

ポイント

- 最終ターンにおいて、聞き手は今日の会話全体を通してどのようなことが話され、どのようなアイデアが共有されたのかを確認します。
- 具体的な取り組みについて話が進んだ際には、リフレクティングとしての会話が一段落した後、その詳細を全員で確認しておけると安心でしょう。

第 8 章　職員間でのさまざまなリフレクティング・ミーティング

8-2　職員の提案に応じて 臨機応変に開かれる会話

　仕事のなかでモヤモヤを抱えるのは、もちろん新人職員ばかりではありません。経験を積んだ中堅職員も、管理職として部下のマネジメントの責任を担う職員も、それぞれの立場や役割に応じて、気になる課題や心配事を持っていることは言うまでもないでしょう。しかし、場合によっては、「もう中堅なので、わからない、できない、とは言えない」「上司として部下に自信のない姿を見せるわけにはいかない」といった意識が邪魔をして、一定以上の経験年数や組織上の立場を有した職員ほど、周囲に自分の「弱さ」を共有しづらくなっていることはないでしょうか。

　しかし、自分の弱さを隠すことに注力するなら、そのために自分や周囲に不要なエネルギーを消耗させ、組織として向き合うべき課題から目をそらし、ついには他の誰かを悪者にして深刻な問題を隠蔽してしまうような居心地の悪い組織を生み出しかねません。前章で心理的安全性について述べたとおり、**自身の心配事や弱さを共有することが危険なのではなく、オープンにそうした事態に向き合いながら、組織全体として、ともに変化・成長するための機会が「安全に」確保されていないことこそ危険**なのです。そして、組織において、リーダーみずからが（決してポーズとしてではなく）率直に自分に向き合い、自身の弱さを認め、オープンに周囲に協力を求め、相談する姿を見せられないならば、部下や後輩たちが安心してそれぞれの思いを言葉にできる雰囲気はとても生まれないでしょう。ですから、職場で心理的安全性を育んでいこうとするなら、リーダーみずから率先して自分の弱さや心配事を発信していく姿勢が大切なのです。

　もちろん、矯正施設において、部下に対する上司の、組織における管

理職の責任が大きく存在していることはたしかです。役割に応じた責任は大切なものであり、それを軽んじたり、安易に放棄したりすることは論外です。「弱さを見せる」ことが意味するのは、決してそんなことではありません。それはむしろ、課題をオープンにして柔軟にそれと向き合う姿勢、新たに学び成長しようとする姿勢、必要に応じて周囲に協力を求める率直な姿勢、といった組織全体を強くしなやかなものにしていくための覚悟を意味しています。

　矯正の現場に身をおく読者の皆さんに向かって、門外漢である筆者がこんなふうに述べること自体、おこがましくて心苦しいのですが、実際、矯正の現場は（入所者も職員も関係者も含めて）多くの人々が緊張感をもって絡み合い、ときに臨機応変な柔軟さでもって対応することが必要となる高度に複雑な場だと言えるでしょう。そのような場で、「更生」という大きな課題に取り組むためには、組織や部署のリーダーだけが物事を把握していればよくて、あとの人は「上司の指示どおりに動く」「言われたことだけやる」で済ませられるなどということは、決してありえません。そして、そのような組織において、リーダーたちは、それぞれの職員が自分の力を出し惜しみせず、やりがいをもってその力を生かせるようにするためにこそ、そのリーダーシップを発揮する必要があるのです。

　このような新たなリーダーシップのことを、組織文化の研究で知られるエドガー・シャインとピーター・シャインは「謙虚なリーダーシップ」と呼んでいます。それは**自分自身を適切に知ろうとし、職員を人として信頼し、率直に話し、心理的に安全な関係を育てるリーダーシップ**を意味しています。

　もちろん、それはたんなる仲良しグループづくりとは異なります。たとえば、彼らが紹介するエピソードのなかには、軍隊を舞台とするような上意下達のイメージが強い組織も登場します。そこでは、組織のヒエラルキーを放棄するのでなく、「命令する」リーダーと「言われたこと

第8章　職員間でのさまざまなリフレクティング・ミーティング

をやる」フォロワーという硬直した関係から、誰もが自分の専門分野のリーダーとなって発言権を持てるような新たな組織づくりの様子が詳しく記述されています。そして、その結果、各々が自信をもって責任を果たし、改善すべき点に気づき、それについて率直に話し合い、組織全体にとってより良いやり方が編み出されるようになっていったのです。

　以上に見てきた「弱さを見せあえる組織」「謙虚なリーダーシップ」の大切さを踏まえながら、以下では、中堅職員や管理的立場の職員がみずから話し手となることを提案して臨機応変に開かれる新たなリーダーシップを育むリフレクティング・トークについて紹介していきましょう。

〔登場人物プロフィール〕

 職員J	統括として勤務する刑務所で対話実践のリーダーシップをとることになった刑務官。
 職員K	同刑務所の教育専門官。 前職では、少年院の法務教官としてリフレクティング・プロジェクトに取り組んだ経験がある。
 職員L	Jの部下の工場担当若手刑務官。 入所者との対話実践を担当する予定。
 職員M	同刑務所の福祉専門官。 社会福祉士・精神保健福祉士の資格を有する。
 職員N	同刑務所の調査専門官。 心理士の資格を有し、外部の研修でオープンダイアローグについて聞いたことがあり、関連する書籍を読み始めている。

168

(0) はじまりの会話

K：皆さん本日は集まってくださって、ありがとうございます。今日は統括のJさんのご提案で、うちの施設での今後の対話実践への取り組みについて、皆さんの意見やアイデアをいただければということで、集まっていただきました。せっかく対話実践に向けて話し合うので、リフレクティングの形で話してみようか、というふうにJさんとお話しまして、私が聞き手をさせていただくことになりました。どうぞよろしくお願いします。同じ職場とはいえ、ふだん直接お話する機会のない人もいらっしゃると思いますし、私自身、異動でこちらの施設にまいってから、まだそんなに経っていませんし、最初にひとことずつ、自己紹介というかご挨拶できればと思いますが、よろしいでしょうか。

全員：はい（頷く）。

K：では、まずは私から。あらためまして、今年度からこちらの施設に教育専門官として赴任してまいりましたKと申します。前任地の少年院では、法務教官としてリフレクティング・プロジェクトに参加させていただいていましたので、こちらでも対話実践に取り組まれるということで楽しみにしています。どうぞよろしくお願いします。では、時計回りでJさんから順にお願いします。

J：はい。皆さん、今日は集まってくださってどうもありがとうございます。当施設でも本格的に対話実践に取り組んでいくことになりまして、実は、統括である私がプロジェクトのリーダーをするようにと指示をいただいているのですが、正直、どう進めればいいのか、まだわからないことも多くて…。今日は皆さんにいろいろアイデアや意見を

第 8 章　職員間でのさまざまなリフレクティング・ミーティング

いただければと思っています。よろしくお願いします。

L ：私は現在、○区の工場担当をしていますLと申します。今回、私の担当する作業場でも受刑者に対話実践を導入するということで、私もそこに参加する予定なのですが、私もわからないことが多くて、正直、自分にそんなことができるんだろうか、とも思っています。よろしくお願いします。

M ：福祉専門官のMです。リフレクティングに興味はあるのですが、まだ勉強を始めたばかりでという感じです。よろしくお願いします。

N ：調査専門官のNです。オープンダイアローグのことは、外部の心理系の研修で一度聞いたことがあるくらいです。よろしくお願いします。

K ：皆さん、ありがとうございました。それでは、ここからはリフレクティングの形を試みるという意味でも、聞くターンと話すターンを分けながら進めていきたいと思います。まずはじめに、今日のミーティングの提案者であるJさんを話し手として、私とお話ししていきます。その間、他の皆さんは、直接会話に参加せず、ただ聞いておいてください。Jさんと私の会話が一段落したら、今度はLさん、Mさん、Nさんに私を含めて、四人でいまJさんと私で話されていた会話について会話していきます。今日は○時まで、1時間半を目安に集まっていただいていますから、こうしたターンの往復を時間的に可能な範囲でおこない、最後はJさんと私に会話を戻して終えます。こうした会話の方法が初めての方もいらっしゃると思いますが、まあ「習うより慣れよ」ということで。もちろん、途中で気になることがあれば、いつでもおっしゃってくださいね。

8-2 職員の提案に応じて臨機応変に開かれる会話

> **ポイント**
>
> - ここでは、ミーティングの提案者（職員 J）から要請を受けたリフレクティングの経験を有する聞き手（職員 K）が全体的な場の進行役を担います。
> - 聞き手は、このミーティングが開かれた経緯を説明しつつ、参加者がお互いに面識のない場合は、最初に簡単な自己紹介の時間を取りましょう。
> - 参加者にリフレクティングの経験がない人がいる場合、聞き手はその手順や作法についても説明しておきます。
> - 以上のことをおこなうなかで、事務的な説明や堅苦しい雰囲気になっては、参加者の緊張が高まるばかりですから、できるだけリラックスした雰囲気をつくることを心がけましょう。

（1）ターン1：話し手と聞き手の会話1回目

K：では、Jさん、今日はこの時間をどんなふうに使われたいとお考えでしょうか？

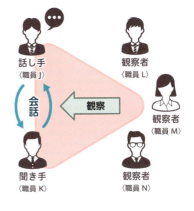

J：そうですね…。すでに皆さんもご存じのとおり、刑事施設での改善指導として「対話実践」を推進する方針が示されて、このたび、当所でも本格的に取り組んでいくことになりました。私は統括という立場で、今後リーダーとしてこのプロジェクトを進めていくように、との命を受けたのですが、オープンダイアローグとかリフレクティングとか初めて耳にする言葉も多く、うちで具体的にどうやって進められるのか、正直、戸惑っています。配布されている参考資料なども読むには読んだのですが、今までやってきたこととのギャ

第8章　職員間でのさまざまなリフレクティング・ミーティング

ップが大きいというか、従来の刑務所のあり方とあまりにかけ離れて
いる感じもしますし、取り組むための時間や職員の配置といったこと
を考えても、現在のただでさえ忙しい現場で、職員にどう伝えればい
いのか…。もちろん、これからの矯正において、そういうことが必要
なのだろうとは感じていますし、実際にできれば素晴らしいのだろう
とも思うのですが…。

K：この施設で「対話実践」に取り組むリーダーを担うことになって、そ
　　の進め方に戸惑っておられる。必要なこととは感じつつも、現在の状
　　況とのギャップの大きさや、そのための時間や職員の確保についても
　　心配されているんですね。

J：はい。プロジェクトのリーダーとして情けないことですが、これは自
　　分だけで考えていても限界があるだろうと思って、前任地でリフレク
　　ティング・プロジェクトを経験されたというKさんに相談したとこ
　　ろ、現場で担当することになる刑務官や専門官の皆さんも交えて話し
　　合う機会を持ってはどうか、とアイデアをいただいて、私もぜひ皆さ
　　んの意見を伺いたいと思いました。ですので、今日は本当に率直な意
　　見だとかアイデアをいただけると助かります。

K：Jさんとしては、この施設での「対話実践」について、どんなふうに
　　進めていくことができるのか、皆さんから率直な意見やアイデアをお
　　聞きになりたいということですね。では、よろしければ早速、皆さん
　　のお話を伺ってみることもできますが、何か付け加えておかれたいこ
　　となどはありますか？

J：いえ、とくにありません。ただ、この場で何か言ったからといって、
　　評価に影響したり、勝手にその人の仕事の負担を増やしたりするよう
　　なことは決してありませんので、安心して何でも話していただければ
　　と思います。

K：わかりました。では、四人で話していきますので、Jさんは楽にして
　　おいてください。

172

> **ポイント**
> - 聞き手（職員K）は、話し手（職員J）がこのミーティングの機会をどのように使いたいのかについて、まず聞いていきます。
> - 話し手は、率直に自分の気になっていること、この場の参加者と共有したいことを話します。とくに組織における立場が上位にある方が話し手になる場合ほど、本節の最初に述べた「謙虚なリーダーシップ」の姿勢を心がけて話しましょう。話し手自身がこの場を必要とした経緯、自分の素直な思いや心配事についてオープンに話す姿勢を示すことで、他の参加者もこの場で率直に発言しやすくなります。

（2）ターン2：観察者と聞き手の会話1回目

K：さて、いまのJさんと私の話を聞かれているあいだに、皆さんの中に浮かんできたことについて話していければと思いますが、いかがでしょうか？　どなたからでもどうぞ。

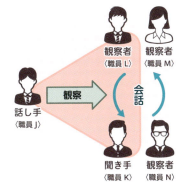

L：よろしいですか？　私自身、この先、「対話実践」をおこなうことになりそうだと聞かされていたのですが、どんなふうにやっていけばいいのか、まだわからずにいたので、J統括が話されているのを伺って、自分だけがわかっていないんじゃないと知ることができて安心、というのも変ですが（笑）、これから皆さんと一緒に考えていくことができればありがたいな、と思いました。

K：そうですね。一緒に考えていくというのは、すごく大事なことだと思います。Jさんが「正直、戸惑っている」と話されていましたが、私が前任の少年院でリフレクティング・プロジェクトにかかわらせていただいた際も、最初から何かが決まっていたわけではなくて、自分た

第8章　職員間でのさまざまなリフレクティング・ミーティング

ちが実際にどんな場面でやってみたいと思うのか、どうすればできるのか、試行錯誤しながら徐々に取り組んでいったことが思い出されました。その経験からも、「対話実践」の取り組みというのは、それ自体を皆で対話的に進めていくことが大切なんじゃないかな、と思っています。Jさんからの今日のミーティングの提案や先ほどのお話も、プロジェクトのリーダーとして一方的に我々に何かを指示するような形ではなくて、現在の状況について感じている難しさをオープンに共有して、話し合っていくプロセスの第一歩のように感じています。

M：なるほど、そう言われて少し腑に落ちました。私自身はソーシャルワーカーとして「対話実践」という考え方自体にはとても共感するところがあるのですが、刑務所という環境で具体的にどう取り組めるのかについては、いろいろ難しいところがあるのではないかと思っていました。今回の方針の提示も急な話で、あまり「対話的」という感じはしなかったので（笑）。Kさんの言われたように、ここで可能なことを一緒に話し合うところから始めていくというのはいいな、と思いました。私が所属しているソーシャルワーカーの協会で、県内でリフレクティングに取り組んでいる医療機関の話を聞いたことがあるので、ちょっと詳しい方に尋ねてみることはできるかもしれません。

N：私は先ほどお話したように外部の研修でオープンダイアローグについて聞いたことがあって、少し興味を持って何冊か本を読んだりもしているのですが、そもそもフィンランドで実践されているオープンダイアローグというのは、精神医療の取り組みですし、日本の精神医療現場では、そこで掲げられている原則の多くが実現困難なもののようです。私は精神科病院で心理士として働いていたこともあるので、実際にできるならたしかに素晴らしいけれど、日本の今の状況では、制度的に難しいだろうな、とも感じていました。まして、それを日本の刑務所内でやるというのはかなり難しいのではないかな、というのが正直なところです。

174

K：Mさん、Nさん、ありがとうございます。お二人が言われたように、刑務所という環境でどう「対話実践」に取り組んでいくことができるのか、難しいですよね。フィンランドで地域精神医療として生まれたオープンダイアローグを日本の刑務所に導入するというのも、そのままでは現実的ではないだろうと私も思います。同時に、かつてスウェーデンの刑務所で始まったリフレクティングが北欧のいくつかの国の刑務所で地道に取り組まれているというお話も、以前いた少年院で研修の際に伺いました。それらの国の刑務所でも、最初は試行錯誤しながら、それぞれの国の制度や施設の環境に沿うかたちで取り組まれているみたいです。

L：じゃあ、私たちも自分たちの施設でできることを今から考えていければいいということですかね。それなら思うんですが、たとえば…。

（以下、K、L、M、N の会話が続くが省略）

ポイント

- 聞き手は、リフレクティング・チームの進行役として、メンバーがそれぞれの思いを話しやすいように聞いていきます。その際、一定の方向に会話を収束させたり、落としどころを意識したりする必要はありません。
- リフレクティング・チームは、こうしたミーティングの場合、話し手の言葉を受けとめるのに加えて、積極的に自分のアイデアを提示していきます。

（3）ターン 3：話し手と聞き手の会話 2 回目

K：いまのリフレクティング・チームによる会話のあいだに、何か思い浮かんだことなどありますか？

J：そうですね。前の施設でリフレクティングに取り組まれていた K さん

や福祉専門官のMさんが、この
施設で可能なことを一緒に話し
合うことから始めていくことを
肯定的に受けとめてくれたのが、
ありがたかったです。心理士で
あるNさんがオープンダイアロ
ーグに興味を持たれているとい
うことも知れて良かったですが、
勉強されているからこそ感じら

れている難しさもあるのだろうな、とあらためて思いました。Lさん
は、私と同様にフレッシュな状態のようで安心しましたが（笑）、現
場での経験から具体的な実践場面を積極的に提案してもらえて参考に
なりました。皆さんと一緒に話し合いながら、うちの施設らしい「対
話実践」の取り組みを考えていけるのではないかと、今は少し心強く
感じています。

K：皆さんの話を聞いて、少し心強く感じられるようになったんですね。
話し合うことから始めていくとして、まずはこんなことから考えてい
きたい、というのはあるのでしょうか？

J：そうですね…。やはり、まずは私自身も含めて職員の勉強の機会が必
要だろうと思います。自分たちが知らないことはできませんからね。
皆さんの会話のなかで、前任地でリフレクティングの経験のあるKさ
んはもちろん、オープンダイアローグの研修に参加経験のあるNさ
ん、リフレクティングに取り組む医療機関の情報を知っているという
Mさんのお話を聞いて、うちの施設にもそういった知識や経験、つ
ながりを持っている人たちがいることに気づかされました。また、L
さんの前向きな様子を見て、広く声をかければ関心を持ってくれる職
員も意外といるんじゃないかと思い始めています。そういうメンバー
で集まって、まずは情報共有しながら話し合える機会が持てるといい

176

のかな、と思います。

K：まずは勉強会から始めてみる、ということと、所内で関心のある人に広く呼びかけてみるということですね。たしかに、こうした取り組みでは、トップのリーダーシップと同時に、現場からのボトムアップが大事だと思います。

J：「忙しいのに、よくわからないことをやらされている」という状態では、現場のモチベーションが上がるはずもないですからね。同時に、現場の皆さんが安心して取り組めるように人員の配置や場所、時間の枠を組織として確保していくことも大事だと思っています。

（以下、JとKの会話が続くが省略）

ポイント

- 話し手は、リフレクティング・チームからのアイデアをすぐに批判したり、否定したりせず（もちろん、無理にほめる必要もありません）、丁寧に受けとめます。
- 聞き手は、会話の方向を誘導することは避けますが、話し手の中に生まれつつあるアイデアを一緒に具体的にしていけるような問いを投げかけることで、適度に内的会話、外的会話を促進することを心がけます。

（4）ターン4：観察者と聞き手の会話2回目

K：いまのJさんとの会話を聞かれていて、いかがでしょうか。

L：J統括が現場のモチベーションのことについても気にしてくださっていたので安心しました。私の周囲でも、「対話実践」というのに興味はあるけれど、いつ、どうやって実施できるのかわからないので、戸惑っている同僚がいますから、今日の話を伝えたら、積極的に協力してくれるだろうと思います。

N：私も、さっきは「日本の刑務所内でやるのは難しいんじゃないか」と少しネガティブなことを言いましたが、日本の刑務所で可能なことを考えながら慎重に取り組んでいくのは賛成です。北欧をお手本にするだけでは無理が生じそうですが、日本の矯正施設だからこそ  できることもあるでしょうし…。もしかすると、民間の経営がほとんどの日本の精神科病院よりも、基本的に国が運営する矯正施設の方が、変化は速いのかもしれませんね。対入所者で実践していくとなると、北欧の刑務所でも、刑務官と専門官の組み合わせでリフレクティングがおこなわれていたようなので、私たち専門官と刑務官の方々のあいだで新たな連携が生まれるんじゃないか、という期待もあります。

M：さすがNさん！　私もそう考えていました。職員の勉強会から始めるというJさんのアイデアも、とてもいいですよね。あと、この周辺でリフレクティングに取り組んでいるところに見学に行ってみるのもいいのではないでしょうか。矯正施設でも、Kさんがおられた少年院では、すでに継続的に取り組んで来られているようですし、県内でリフレクティングを実施している医療機関の方にも、私の知り合いを通して打診してみることができると思います。

K：そうですね。私の前任地であれば、見学も歓迎してくれると思います。県内の医療機関の方にも協力いただけると心強いですね。また、リフレクティングは座学だけではなく、体験してみてこそ、その良さが実感できると思いますから、勉強会で実際にワークに取り組む体験会も兼ねられるといいかもしれませんね。

　　　　（以下、K、L、M、Nの会話が続くが省略）

> **ポイント**
> - リフレクティング・チームは、引き続き話し手のことばを受けとめながら、ブレーンストーミング的に自由にアイデアを出し、相互の発言を促進していきます。
> - 多くのアイデアが示され、それらを可視化して記録しておきたい場合、ホワイトボードなどを活用して、聞き手あるいはリフレクティング・チームの誰かが板書していくことも効果的です。

(5) ターン5：話し手と聞き手の会話3回目　会話のしめくくり

K：時間的には、これが最後のターンとなりそうですが、リフレクティング・チームの話のあいだに何か思い浮かんだことなどあるでしょうか？

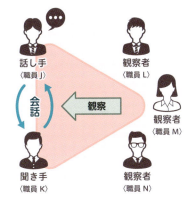

J：はい。先ほどの話のなかでも、「リフレクティングは体験してみてこそ、その良さが実感できる」と言われていましたが、今日、こうして話し手として自分の心配事を皆さんに聞いていただいて、私の話を丁寧に受けとめていただいたな、という気持ちと、具体的なアイデアをたくさんいただけた満足感を味わっています。これはたしかに、うちの施設で実践していけると良さそうです。

K：リフレクティングを話し手として体感された感じでしょうかね。アイデアもずいぶんたくさん出ていましたね。

J：そうですね。職員を募っての勉強会は、早速、始めてみたいと思います。その準備として、ぜひKさんの前任地の少年院に可能なメンバーで見学に伺ってみたいと思います。もしよければ、LさんやLさんの

第 8 章　職員間でのさまざまなリフレクティング・ミーティング

周囲で対話実践に関心のある刑務官にも希望を募って、何人かで行けるように検討してみます。それから、M さんが県内の医療機関でリフレクティングに取り組んでいるところに打診していただけるとのことでしたから、そちらも都合がつくようであれば、調整して M さんや N さんと一緒に話を聞きに伺うことができると思います。いまは、私自身が皆さんと一緒に勉強しながら、取り組んでいけることを楽しみに感じています。

K：かなり具体的な当面の取り組みが見えてきましたね。少しホワイトボードの方に書き出しておきたいと思います。あとで議事録は皆さんにも共有させていただきますから、また御意見をくださいね。

J：ありがとうございます。皆さんからの意見も募りながら進めていきたいと思います。

K：私自身も、今日お話を伺っていて、この施設でのこれからのリフレクティングの展開に期待が膨らんでいるところです。こうしてプロジェクトのリーダーである J さんと関心のあるメンバーで率直に声を聞き合える場も、必要に応じて開いていけると、お互いに安心かもしれませんね。

J：それはぜひお願いしたいところです。これからもよろしくお願いします。今日は皆さん、貴重な意見を聞かせていただき、私の心配事について助けていただいて、どうもありがとうございました。

ポイント

- 聞き手は、ホワイトボード等を活用しつつ、今日のアイデアを可視化し、ミーティング終了後に参加者が記録を共有できるようにします。
- 話し手は、参加者にきちんと感謝の言葉を伝えて、この場をしめくくります。

リフレクティング
実践をめぐる
Q & A

入所者とのリフレクティングについて

Q リフレクティングを用いたミーティングに適した入所者、適さない入所者というのは、どのように判断すれば良いでしょうか？

A リフレクティングを用いたミーティングに適さないのは、当人が話すことを希望していない入所者です。リフレクティング・トークの大前提は、「話したくない人は話さなくていい」「話したくないことは話さなくていい」ということです。一方、当人が話したいと希望するのであれば、個人の言語化能力などにかかわらず、リフレクティングを用いたミーティングに取り組むことができます。その際には、その人のそのときの状況に合わせた会話のペースや進め方の工夫（そこには声のトーンや姿勢、場の雰囲気など非言語的なものも含まれます）が柔軟になされるべきでしょう。もちろん、多少工夫したからといって、最初からうまくいくとは限りません。話が噛み合わないと感じたり、手ごたえが得られないと思ったりすることもあるでしょう。しかし、そこで得られた知見は、皆さんの今後のリフレクティング実践のための貴重な足場になります。ですから、こちらで一方的に判断して、リフレクティングに適さない入所者と決めつけてしまうよりも、少しでも多くの人に合わせたリフレクティングのやり方を工夫してみる姿勢が大切なのです。

Q 一人の入所者に対して、リフレクティングをどのくらいの頻度で何回程度おこなうのが適切ですか？

A リフレクティングをおこなう頻度や回数については、話し手本人の意向を尊重することが第一です。初回のリフレクティングのしめくくりのタイミングで、「こういう会話の機会をまた持ちたいですか？」と話し手に尋ね、話し手がそれを希望するなら、

入所者とのリフレクティングについて

「次回はいつ頃がいいですか？」「どんな人に参加してほしいですか？」と確認していきます。もちろん、矯正施設内の実践では、参加する職員の配置の状況や、話し手本人の各種プログラムとの兼ね合いなどもあるでしょうから、ある程度の幅の中で、それぞれの現場で現実的な頻度やタイミングをすり合わせていくことになります。もし、話し手本人から、「次回については、また必要な時に希望を出します」との応答があれば、本人から希望が出されるまで待つことになるでしょうし、なかなか自分から希望を出しづらい様子が感じられれば、「そろそろまた話してみませんか？」と声かけしてみることもできるでしょう。もちろん、伝え方ひとつで、それが強制のように受けとられてしまう可能性もあります。ですから、ほったらかすのでも、強制するのでもなく、どこまでも本人の意向を尊重する姿勢を心がけましょう。

Q 一回当たりのリフレクティングに最低どのくらいの時間を確保する必要がありますか？

A 一回当たりの時間があまりに短いと、お互いに落ち着いて話すことができませんし、かといって、あまりに長時間になると参加者の集中力が保てないでしょう。そう考えると、最短でも30分くらいの時間は確保できることが望ましいでしょうし、できれば1時間程度の時間が確保できると安心です。しかし、1時間半を超えると、だんだん集中力の保持が難しくなるかもしれません。ただし、参加人数が多いリフレクティング（たとえば、第6章第4節で紹介した「多様な関係者や関係機関を交えた会話」など）では、発言者の数に応じて、少し余裕のある時間設定（約2時間程度）にしておく方が安心です。いずれの場合も、必ずミーティングの開始時点で「今日は〇時まで〇分ほど時間がありますので、そのなかで話せることを話していきましょう」と進行役から参加者全員に伝えて始めます。

183

リフレクティング実践をめぐる Q&A

Q リフレクティングにおいて、話し手は「話したいことを話す」のが大前提とのことですが、聞き手や観察者は、その日の会話の落としどころを考えておかなくても大丈夫なのでしょうか？

A リフレクティングにおける会話の目的は、こちらの準備した落としどころや、こちらが考える望ましい解決策へと相手を誘導することではありません。そうした誘導の意図を持ってしまうと、聞き手や観察者は話し手の話を率直に聞くことが難しくなるでしょうし、そうした雰囲気は話し手にもすぐに伝わります。容易に想像できるように、そのような状況は、リフレクティングの参加者が互いに信頼関係を築くことを困難にするでしょう。聞き手や観察者がリフレクティングに臨む際の基本姿勢は、裏の意図を持たず、つねにオープンかつ真摯であることです。そこでの会話は、聞き手や観察者が話し手を適切などこかに引っ張っていくためのものではなく、いわば話し手と一緒に未知の会話の世界を散策しながら（ときには一緒に迷いながら）、新たな言葉や考え方、新たな世界の見え方をともに探していくことなのです。

Q リフレクティングでは解決策を示さないと言いますが、話し手の側が具体的な問題の解決を求めてきた場合、リフレクティングでそれに応じてはいけないのでしょうか？

A 話し手の側が何事かについて具体的なアイデアを求めてきた場合、聞き手や観察者の各々が可能な範囲でアイデアを示していくこと自体に問題はありません。そのようにしてもらった方が話しやすくなる話し手もいるでしょう。ただし、何らかの問題を解決しようとする構え自体がその問題をより強固に固定してしまうことはよくあることです（たとえば、誰かの行動を改善させようとして、問題行動について指摘したり、注意したりすればするほど、相手は反発してさらに問題行動をとるようになってしまうようなものです）。リフレクティングは、参加者の多様な視点や自身の気付きを重ねるなかで、状

184

況へのより柔軟なかかわりの可能性を拓き、いわば問題を解消する実践です（たとえば、注意することで余計に反発を招くという誤った解決に固執せず、まったく別のことに一緒に取り組めるなら、いつのまにか問題とされていた行動は小さくなっていくかもしれません）。それは特定の問題に染められ硬直した世界の見方を、より柔軟な世界のあり方へと、関係者全員の会話を通してほぐしていくような実践なのです。

Q 話し手が矯正施設への不満や無理な要求をしてくる場合であっても、その話を聞くべきなのでしょうか？

A リフレクティングは、話し手である入所者の要求を職員が受けて、何でも言われるままにどうにかしてあげるための場ではありません（もちろん、それが妥当な訴えなのであれば、オープンに粛々と対応していくこと自体に、なんら問題はないでしょう）。リフレクティングの主眼は、話し手の話を真摯に聞いて、一緒にその話について考え、会話を重ねていくことです。そうした会話を通して、会話の参加者どうしのつながりが編みなおされ、お互いがお互いにとって敬意をもって接すべき人間として立ち現れてくるのです。もし、「やっかいな受刑者」「処遇困難者」といったラベルを特定の入所者に貼り付けてしまうことで、周囲がその人の話をまともに聞こうとしなくなるなら、その人は一層激しく自分の主張を訴えるほかなくなるかもしれません。そして、そうなれば、職員の皆さんは一層、その人の話をきちんと聞こうとしなくなるでしょう。そうした状況を「悪循環」と呼びます。リフレクティングは、まず丁寧に聞くことを通して、そうした既存の悪循環に距離を取り、参加者間の新しい関係を育んでいくチャンスなのです。

リフレクティング実践をめぐる Q&A

Q 会話の途中で入所者が黙ってしまったら、どうすればいいでしょうか？

A 沈黙もまた、大切な会話の一部です。仲間たちとリフレクティングを生み出したアンデルセンは、会話において訪れる「間」を守ることこそ、聞き手の大事な役割であると述べていました。聞き手の方が沈黙に耐えられずに、つぎつぎと質問を重ねたりすれば、話し手のなかで生じている大切な内的会話のための「間」を奪い、その人自身の気づきや変化の機会を妨げてしまうことになるかもしれません。ですから、話し手に沈黙が訪れたら、落ち着いて自然に相手から言葉が発せられるのを待ってみましょう。ただし、話し手がその沈黙をどのように感じているのか、ということにも留意する必要があります。気まずい沈黙や、何かヒントになるとっかかりの言葉がいくつか提示されるのを話し手の側が待っている沈黙もあるでしょう。そうしたタイミングでリフレクティング・チームの会話を提案してみることが有効な場合もあります。ときに沈黙は発言内容よりも多くのことを伝えてくれます。聞き手はその沈黙が何を伝えようとしているのか、注意深く観察しましょう。

Q 入所者にリフレクティングを実施した際の結果や効果といったものは、どのようにして評価することができますか？

A たとえば、リフレクティングの前後で数値化できる尺度を用いた簡単な質問紙調査をおこない、その結果を比較することも可能ですし、本書の第４章第４節で福岡少年院の例を紹介したように、リフレクティング後に文章や絵を用いた振り返りシートを記入してもらうこともできます。そのように、各施設において入所者からふさわしい方法でリフレクティングのフィードバックを得ることはとても大切です。同時に、一度きりのリフレクティングで目に見える結果や効果を求めることには無理があります。もちろん、一度の実践で大きな変化が感じられることもあるかもしれませんが、実際に

は、人が変化していくのには相応の時間がかかって当然です。そのため、一度の会話の結果に一喜一憂するのではなく、長い目で変化（当人の変化ばかりでなく、当人と職員との関係の変化、職員の変化も含めて）を見守る姿勢を大切にしてください。

Q 職員が入所者とのリフレクティングに取り組めるようになるには、どのようなトレーニングがどのくらい必要でしょうか？

A たとえば、オープンダイアローグで知られるフィンランドのケロプダス病院では、対話実践に取り組むスタッフに対して、3年間の家族療法やオープンダイアローグに関する実践者養成プログラムが提供されていました。ノルウェーのトロムソで開かれていたリフレクティングの実践者養成トレーニングは2年間。筆者が国内の精神科病院でおこなったリフレクティング実践者養成研修も一期あたり2年間です。そう聞くと、ずいぶん大変と感じられるかもしれませんが、これらのトレーニングは、基本的にそれぞれの現場で働きながら、つねに現場での実践と行き来する形でおこなわれます。国内の矯正施設で職員の皆さんがリフレクティングに取り組む際にも、基本的な導入研修（矯正研修所等で実施されるリフレクティング研修）に加えて、それぞれの施設で実践と並行した継続的なトレーニング（施設内でのOJT：On the Job Training、および、外部の専門家によるスーパーヴィジョン）をおこなうことが不可欠でしょう。OJTの具体的な手順としては、まず、各施設においてリフレクティング実践のコアとなる少人数の実践者養成をおこなったのち（矯正研修所等でのリフレクティング研修参加者が各施設でのコア・メンバーになることが想定されます）、徐々に現場でその輪を広げていくことが現実的でしょう。また、初心者が最初から入所者を話し手とするリフレクティング実践の聞き手を担うことは負担が大きいため、まずは職員間で取り組むための研修を施設で開き、そこでまず「話し手」、つぎに「観察者」、そして「聞き手」といった順にじっくり経験できる機会を重ね

ていくことが望ましいでしょう。その後、入所者を交えたリフレクティングで「観察者」の一人として経験を積んでから「聞き手」を担当します。もちろん、各々で可能なペースは異なるでしょうから、機械的にではなく、実質的に無理のない形で役割を分担していけると良いでしょう。

Q リフレクティングでは丁寧に相手の話を聞くことが大切とのことですが、職員がふだん施設の規律を保つために入所者に対して厳しく指導・監督していることとの一貫性が保てなくなる可能性はないでしょうか？

A リフレクティングや諸々の対話実践に参加することは、矯正職員が施設の規律を保つために担う役割と矛盾・対立するものではありません。実際、リフレクティング実践に長く取り組んでいる北欧の刑務所では、こうした会話の機会を入所者と職員が重ねることを通して、以前よりも双方が相手に対して人間として敬意をもって接することができるようになったといいます。必要な時には厳しく注意もし、必要な時には丁寧に話を聞いてくれるという矯正職員の姿勢は、むしろその人の生活全体を見守りながら更生にかかわるプロフェッショナルとして本来のあり方と言えるでしょう。また、リフレクティングの場には、必ず複数の職員が同席することになりますから、丁寧に話を聞くことがいわゆる籠絡事故等につながる危険性を避けることもできます。

Q リフレクティングをおこなう場所について、最低限どのような環境をつくれば良いでしょうか？　十分な環境整備が難しい場合、リフレクティングの実施は難しいでしょうか？

A すでに国内でもいくつかの矯正施設でリフレクティング・ルームが設置されたり、設置に向けた作業が進んだりしています。リフレクティング・ルームに望ましい環境としては、第4章第2節でも述べたとおり、会話に参加する人々が互いに余裕をも

って座ることのできる落ち着いた空間で、外部からの雑音などの刺激によって会話を邪魔されることのない環境であれば、基本的には大丈夫です。本書で紹介しているとおり、リフレクティングの参加人数は最小構成の三名による会話とは限らないため、椅子の数を柔軟に追加したり、レイアウトを変更したりできるスペースの余裕があることが望ましいでしょう。また、せっかくリフレクティング・ルームを作るのであれば、従来の少年院や刑務所の雰囲気とは異なる、会話しやすい居心地の良い空間の工夫について各施設で検討できると、矯正施設に新鮮な風を通す機会になります（第４章に示した福岡少年院のリフレクティング・ルームの写真をご覧ください）。もちろん、全国一律のインテリアにするよりも、各施設の状況に合わせて、ふさわしい部屋を現場の皆さんで（入所者からの意見も聞きながら）作っていくことができると、そのプロセス自体が有意義なものとなり、さらに素晴らしいでしょう。

Q 職員の配置や体制上、複数の職員が十分な時間をかけてリフレクティングを実施する余裕がない場合、どうすればいいでしょうか？

A リフレクティングをおこなうためには、二名以上の職員が一定時間、他の作業から離れることになります。そのため、日々の業務が忙しく、ふだんから人手不足を感じている矯正の現場では、そのことが実践を広げていくうえでのネックになることも考えられます（とくに、職員配置の問題は、現場の職員だけでは調整に限界があるでしょう）。ただし、ご存じのとおり、改正刑法では、拘禁刑の受刑者に対して「改善更生を図るため、作業をさせ、または指導を行うことができる」と明記され、一般改善指導等において職員と受刑者との対話実践が推進されています。今後は、矯正施設における定常的な日程のなかにリフレクティングのための時間を明確に位置付け（毎週〇曜日の〇時〜〇時はリフレクティングの時間とするなどして）、職員の配置もそれを前提に組み立てておくと、現場の職員は安心して入所

リフレクティング実践をめぐるQ&A

者の要望に応じたリフレクティングの予定を組むことができやすくなるでしょう。実際、筆者が共同研究に取り組む美称社会復帰促進センターでは、「若年受刑者ユニット型処遇」において、そうした定例的なリフレクティングの時間を設けることで、着実にリフレクティング実践の機会を確保し、それに伴い職員の経験値も高まっています。それぞれの施設の状況に合わせた無理のない、また、実践の機会を着実に確保できる方法をぜひ組織全体で話し合ってみてください。

Q 複数名の入所者を一度に話し手とする形でのリフレクティングは可能でしょうか？

A リフレクティングは、もともと家族療法の実践場面で生まれたものですから、少年院のように入所者本人と家族を交えて話をした方が望ましい状況が見られる場合（本人がそれを希望している場合）、そのような機会を持つことは可能ですし、有益です。そのため、リフレクティングにおいて複数人が話し手となること自体は、決して不可能ではありません。ただし、専門職や施設側の判断で、一方的に複数の入所者をまとめて話し手にするようなことは、個々の話し手にとって、その場で話せることを大きく制約してしまいますし、聞き手や観察者の側の会話の焦点も曖昧化してしまう恐れがあります。グループワークにはグループワークの良さがありますが、リフレクティングにおいては、まず話し手となる人が負担なく話したいことを話せる場にすること、そして、その人の話を丁寧に聞くことのできる場にすることが第一です。そのため、基本的なリフレクティングにおいては、複数名の入所者を一度に話し手とするようなことは避けた方が良いでしょう。

ただし、従来、複数の入所者が参加して実施しているグループでのプログラムに、リフレクティングのエッセンスを盛り込むことは可能です。たとえば、福岡少年院では、従来おこなわれていた寮での援助集会（かつて「批判集会」とも呼ばれた、一人の少年が少年院の寮内で自

身の目標やそれに関する取り組み、反省を述べ、他の寮生がさまざまな指摘、助言をおこなうもの）にリフレクティングのエッセンスを取り入れることで、より安全で参加者にとって気づきの多い集会を工夫しています。また、北欧の一部の刑事施設では、オリジナルなカードを使ったリフレクティング・トークをおこなっており、その際、同じテーマを共有する入所者が数名一緒に参加することもあります。ですから、まずは基本を大切にしながら、その本質を踏まえたうえでの応用は十分に可能であるということです。

Q 対面で参加できない人がいる場合、オンラインを活用したリフレクティングは可能でしょうか？

A 新型コロナ禍と呼ばれる時期よりもずっと前から、すでに海外ではオンライン会議システムなどを活用したリフレクティングがセラピーや専門職向けのスーパーヴィジョンなどさまざまな機会に実施されていました。矯正施設であれば、たとえば、話し手である入所者と聞き手である矯正職員は対面で同じ場所にいて、リフレクティング・チームとなる観察者（たとえば、遠方の家族、地域でかかわる関係機関の職員など）はオンラインで参加するといった組み合わせも考えられるでしょう。その際、会話を観察する立場になった側は、他方のチームの会話をながめているあいだ、自分のカメラ・マイクをオフにすることで「こちらからは見えるし、聞こえるけれど、向こうからは見えず、聞こえない」というワンウェイ・ミラーを用いたリフレクティング・チーム形式の会話をオンライン上で実現することができます。もちろん、対面して会話の場や空気を共有することでこそ感じられることも多々ありますから、対面でのリフレクティングと全く同じ効果があるとは言えませんが、物理的な距離の制約がある場合、対面とオンラインの双方のメリット・デメリットを検討して、うまく使い分けられると良いでしょう。

リフレクティング実践をめぐる Q&A

Q リフレクティングでは「話したくない人は話さない」が前提と聞きましたが、指導の必要ありと思われる入所者がリフレクティングを希望しない場合、その入所者に話させることはできないのでしょうか？

A リフレクティングは「指導」の場ではありませんし、話したくない人に強制的に話させようとする時点で、「対話」とは程遠い状況を生み出してしまうことになりますから、それは避けるべきでしょう。同時に、「話したくないなら、そんな人の話は聞かなくていい」とすぐに割り切ってしまえば、そこですべての可能性は閉じられてしまいます。そもそも、「話したくない」という人がなぜ話したくないのか、どんなタイミングで、どんなテーマで、どんなメンバーとならば話したいと思うのか、といったことを考え続けることは、その人の更生にかかわるうえで、とても大切なことです。また、本書の第6章第2節で紹介したように、話し手としては話すつもりがなくても、支援者側の心配事を聞く立場であれば協力してくれる場合などもあります。「参加希望を出さないならそれで終わり」としてしまうのではなく、状況に合わせて臨機応変に会話の場を工夫して開いていくことが、矯正施設におけるリフレクティング実践の可能性を広げていきます。ぜひ、より多くの人が話したいと感じられる場を育てることに挑戦してみてください。

Q 入所者とリフレクティングをしている途中、他の職員がリフレクティングにふさわしくない発言や話し方をしていると感じたら、どうしたらいいでしょうか？

A とりわけ、リフレクティングの実践経験が少ない矯正職員や、関係機関などから未経験者が観察者の一人としてリフレクティング・チームでの会話に参加する場合、そうした状況が生じる可能性もあるでしょう。もちろん、そのような参加者がいる場合、事前にリフレクティングにおける会話の作法をきちんと説明し、共有しておく必要があります。それでも、リフレクティング・トークが始

入所者とのリフレクティングについて

まってから、そうした発言がなされる場合には、リフレクティングの経験を有する職員があらためてこの場での会話の作法について確認するようにします。その相手が先輩や上司、他機関の方だと言いづらいと感じられるかもしれませんが、会話の場の安心感は、聞き手をはじめとするリフレクティングの経験者によって守られねばなりません。そして、そうした積み重ねが、安全に話せる場を矯正施設に育んでいくことになるのです。

リフレクティング実践をめぐる Q&A

対入所者以外のリフレクティングについて

Q 対入所者ではなく、職員間でリフレクティング・トークに取り組む場合の留意点はあるでしょうか？

A 基本的な会話の作法は、入所者との会話であれ、職員間の会話であれ、変わりはありません。また、本文でも述べたとおり、職員間のリフレクティングでまず話し手を経験することは、矯正施設におけるリフレクティングの導入トレーニングとして、リフレクティングに取り組むすべての職員が通過すべきステップです。同時に、話し手が入所者であるのか、職員であるのかによって、聞き手や観察者の聞き方や話し方に違いが生じるとすれば、そのこと自体の妥当性を見つめなおし、研修の一環として職員間で話し合うことができると有意義でしょう。もちろん、たんにリフレクティングの練習としてではなく、矯正施設の組織風土を風通しの良いものにするために、職員間のリフレクティングの機会をさまざまに確保しておくことが大切です。新人職員のフォローアップや職員間のチームワークの強化、ケースカンファレンス、職場の課題解決など、その活用場面は多岐にわたるでしょうし、その状況や目的に応じた会話の場の組み立てが可能です。

Q 新人職員や若手職員を話し手とするフォローアップのためのリフレクティングの際、職場の人間関係上、話し手が話しづらそうなときには、どうすればいいでしょうか？

A 新人職員や若手職員は、場合によっては、入所者以上に他の職員や先輩・上司に気を遣って、「話したくない」とも言えず、かといって、率直に自分の思いを話して大丈夫なのだろうかという不安もぬぐえずにいるかもしれません。そうすると、せっかく

のリフレクティングの機会が、「大丈夫です」「何も問題ありません」という言質を取るためのむなしい場になってしまうことも考えられます。そのようなことにならないためには、やはり会話の場の準備を丁寧におこなうことが大切です。具体的には、話し手となる若手職員が「誰と話したいか」「誰に参加してほしいか」できるだけ幅広い選択肢から自由に選べる仕組みや、リフレクティングの場での発言が決して人事上の評価等につながらず、発言内容が本人の許可なく参加者以外に漏れないことなどをルールとして明確化しておくこと、また、会話の環境自体を会議室でなくリフレクティング・ルームを用いて、リラックスした雰囲気で話せるようにするなど、さまざまな工夫が考えられるでしょう。

Q 専門職間で事例検討会をおこなう際にもリフレクティングを活用できると聞きましたが、具体的な手順や注意点、メリットなどはあるでしょうか？

A すでに矯正分野の心理技官の人々のあいだでも、リフレクティングを活用した事例検討が試みられており、筆者も研修をおこなったことがあります。状況や目的に合わせていくつかの方法がありますが、もっともシンプルなやり方は、事例提供者が特段の準備をせずに、その場で聞き手（事例検討会の進行役）と会話していく形で事例について紹介・説明していく方法です。このとき、他の参加者は観察者の立場でその会話をながめ、そこでの会話が一段落した後、リフレクティング・チームとして会話の作法に留意しながら、自分たちだけで事例提供者と聞き手の会話について会話し、気づきやアイデアをそっと並べていきます。事例提供者は、通常の事例検討会のように質問責めにされたり、意見を押しつけられたりすることがないため、自由に内的会話を進めながら、能動的に気づきやアイデアを拾い上げ、受け流すこともできます。参加人数が多い場合には、複数のリフレクティング・チームを作って、観察ポイントを振り分けるこ

ともできます。こうした方法のメリットは、事例検討会というものへのハードルを参加者の誰にとってもより低いものしてくれるでしょうし、一方で、得られる気づきは、従来の方法よりも豊かになるでしょう。

Q その他にも、リフレクティングを活用すると有効な場面はありますか？

A はい。リフレクティングは矯正施設の内部ばかりでなく、外部の多様な組織や機関との連携のためのミーティングにおいて、会議を形式的なものに終わらせないために効果的です。入所者当人を話し手に、多様な立場の参加者をリフレクティング・チームとするミーティングについては、第6章第4節で述べたとおりですが、特定の入所者をめぐる形でなくとも、地域における組織や機関間の連携促進のために、各々の組織の現状の課題を共有し合うリフレクティングの場を開くことが可能です。また、近年、取り組みが始まった「被害者等の心情等の聴取・伝達制度」の実践場面においても、リフレクティングにおける会話の手順や作法のエッセンスを生かすことは、いずれの立場の参加者にとっても、その場を安全かつ有意義な時間とするうえで有効です。それに加えて、心情の聴取場面や伝達場面のみならず、心理的負担の大きい担当官へのスーパーヴィジョンにも、定期的にリフレクティングの活用がなされると有効かつ安心でしょう。その他にも、筆者がまだ気づいていないたくさんの活用場面を、きっとこれから現場の皆さんが新たに開拓していくことでしょうし、ぜひ教えていただきたいと思います。

おわりに

　本書のリフレクティングをめぐる旅も、ひとまずこのあたりでしめくくりとなります。いま読者の皆さんには、自分がかかわっている矯正の現場の様子と本書で描かれてきた各場面とが、どのように重ねられ、また、どのようにずれて感じられているでしょうか。各場面のシナリオは、筆者自身の矯正施設での経験を踏まえたものではありますが、「うちの施設の入所者では、とてもこうはいかないだろう」「うちの上司がこんなふうに率直に話してくれたら苦労はしないけれど…」などと思われているかもしれません。それでも、勇気を出して仲間とともにリフレクティングの実践に一歩踏み出してみることができるなら、話し手からも、他の参加者からも、これまで聞いたことのない言葉や声が発せられる場面に、きっと出会えることでしょう。

　本書のしめくくりに、あらためて矯正領域をめぐるリフレクティングの可能性の広がりについて見晴るかしてみたいと思います。読者の皆さんがまず取り組みたい（あるいは、取り組まねばならない）と思われるのは、入所者への**処遇のためのリフレクティング**かもしれません。それは、一般改善指導として「対話実践」を実施する方針が訓令に示されたことからも無理のないことでしょう。しかし、同時に、矯正職員間の関係、そして、矯正施設の組織風土自体を風通しの良いものにしていかない限り、処遇としての「対話実践」がその実質を伴わないことは、本書を通して述べてきたとおりです。ですから、職員間の面談や話し合いのさまざまな場面に**組織のためのリフレクティング**を導入していくことにも、ぜひチャレンジしていただければと思います。さらに、リフレクティングは、話し手を取り巻く多様な関係者（プライベートな関係者も専門機関の関係者も含め）を必要に応じて柔軟に含みこむことで、より有効な

支援のネットワークを育むことができるものでもありました。すなわち、**連携のためのリフレクティング**を介して、矯正施設は地域社会と多様につながり、そのつながりをしなやかに広げていくことができるのです。そうした外部とのつながりは、矯正施設自体に新鮮な風を通すことにもなるでしょう。こうして、その可能性を描き出してみるなら、矯正の風土を涵養する壮大なリフレクティング・マンダラが浮かび上がってきます。

　もともと、リフレクティングという言葉には、アンデルセンの母語であるノルウェー語のニュアンスが込められていて、たんに「反射」を意味する英語のリフレクションとは異なります。日本語で表現するなら、それは「折り重ねる」身振りであり、相手の話を聞いて、じっくりと内的会話をおこない、また外的会話を通して相手に応答していくことを意味しています。一説によれば、日本語の「織る」も「折る」に由来すると言われます。会話を糸としてイメージするなら、まず、相手の思いがことばになるのを待つ「紡ぐ」段階、そこから生まれたことばをリフレクティング・トークにおける会話を通して「縒る」段階、さらに、家族を含むプライベートなネットワーク、さまざまな専門職や関係機関のプロフェッショナルなネットワークからなるケアの網を広く社会のうちに「編む」段階のそれぞれがこの図に含まれていることが見てとれるでしょう。リフレクティングが「更生」という社会全体を包みこむ豊かな編地を、多様な関係者のつながりをとおして編んでいくためのひとつの有効な道具になることを願うばかりです。

　振りかえれば、本書の執筆タイミングが国内の矯正領域における大きな動きと重なったことには、偶然と必然の二つの面があるように思います。2016 年夏、それまで何年も連絡が取れなかったスウェーデンのワグナーさんのもとを訪ねる機会が得られなければ、北欧各地の刑務所で

おわりに

矯正の風土を涵養するリフレクティング・マンダラ

取り組まれているリフレクティングの現場に筆者が足を運ぶようになることはなかったでしょう。そして、日本の矯正施設でも、そうした実践に取り組むことができないだろうかと、その可能性を模索していたなかで、研修や共同研究の機会を継続的に確保してくれた矯正や保護領域のリーダーの方々がいなければ、日本の現場に即したリフレクティングの

199

可能性をこんなふうに探究することはできていなかったでしょう。そのようにして生まれた矯正現場とのさまざまなつながりがあってこそ、こうして現在の矯正領域をめぐる動きと深く結びつくかたちで本書を世に送り出すことができているのです。

　筆者自身、本書を書き始めてからも、矯正領域をめぐる新たな動きに触れるなかで、また、いくつかの施設を訪ね、現場の職員の方々や、ときには入所者の方々とやりとりさせていただくことを通して、繰り返し本書を練り直す必要に迫られました。もちろん、当初の予定から大きく遅れてしまったことは、ひとえに筆者の責任ですが、そのおかげで本書に盛り込むことができた内容もあるように思います。そうしたなかでも、矯正協会の寺﨑武彦さんには、遅れがちな執筆をつねに温かく見守っていただき、ときに背中を押していただきました。あらためて心より感謝申し上げます。

　　　　　　　　　　　　　　　　　　　2024年夏　矢原隆行

参考図書

　本書では、読者の読みやすさを優先するため、あえて詳細な文献引用や注記はおこないませんでした。そこで、本書で述べたことについてさらに詳しく学びたい方のため、以下に各々の現場でのリフレクティング・プロセスに取り組む際の参考になるだろう基本文献を紹介しておきます。現在も書店で入手可能かつ日本語で読むことができるものばかりですので、興味を持たれた方は、ぜひ気になる本から次の一歩へと踏み出してみてください。

・リフレクティングに関するもの

　トム・アンデルセン（2015）『リフレクティング・プロセス：会話における会話と会話（新装版）』金剛出版.

　矢原隆行（2016）『リフレクティング：会話についての会話という方法』ナカニシヤ出版.

　矢原隆行（2023）『リフレクティングの臨床社会学：ケアとダイアローグの思想と実践』青土社.

　矢原隆行、トム・アンデルセン（2022）『トム・アンデルセン　会話哲学の軌跡：リフレクティング・チームからリフレクティング・プロセスへ』金剛出版.

・オープンダイアローグ、未来語りのダイアローグに関するもの

　ヤーコ・セイックラ、トム・アーンキル（2016）『オープンダイアローグ』日本評論社.

　ヤーコ・セイックラ、トム・アーンキル（2019）『開かれた対話と未来：今この瞬間に他者を思いやる』医学書院.

　トム・アーンキル、エサ・エーリクソン（2018）『あなたの心配ごとを話しましょう：響きあう対話の世界へ』日本評論社.

　斎藤環（2015）『オープンダイアローグとは何か』医学書院.

森川すいめい（2021）『オープンダイアローグ 私たちはこうしている』医学書院.

・心理的安全性に関するもの

エイミー・C・エドモンドソン（2014）『チームが機能するとはどういうことか：「学習力」と「実行力」を高める実践アプローチ』英治出版.

エイミー・C・エドモンドソン（2021）『恐れのない組織：「心理的安全性」が学習・イノベーション・成長をもたらす』英治出版.

エドガー・H・シャイン、ピーター・A・シャイン（2020）『謙虚なリーダーシップ：1人のリーダーに依存しない組織をつくる』英治出版.

索　引

人名

アーンキル，トム　94, 120
アンデルセン，トム　ii, 10, 32, 47, 60, 83
エドモンドソン，エイミー　139, 143
グローセン，ハネ　21
シャイン，エドガー　167
シャイン，ピーター　167
セイックラ，ヤーコ　94
ロジャーズ，カール　139
ワグナー，ユーディット　18, 146

事項

数字・欧文

1on1 ミーティング　153
KVS（スウェーデン法務省所管の刑務
　所・保護観察庁）　20
OJT　153, 187

あ

一般改善指導　4, 189
ウェルビーイング（充実・幸福）　143
援助集会　190
オープンダイアローグ　4, 17
オンライン　191

か

外的会話　28, 36

会話の前の会話　42
会話の後の会話　56
会話の作法　49
会話の転換　72
家族関係の調整　105
家族療法　10
カルマル刑務所　17, 20, 146
監獄法　2
観察者　37, 187
聞き手　31, 51, 187
行刑改革会議　2
経験専門家　60
刑務所出所者等総合的就労支援対策
　　　　　　　　　　　　　　　　2

ケロプダス病院　149
謙虚なリーダーシップ　167
拘禁刑　189
更生　i, 6, 143
更生保護施設　i, 120

さ

再犯の防止等の推進に関する法律　2
支援者が自身の心配事を話す（Taking
　up one's worries）　94
社会的ネットワーク　68
若年受刑者ユニット　4
若年受刑者ユニット型処遇　190
処遇　4

女子刑事施設等における執務環境に関するアンケート　147

事例検討会　195

心理的安全性　138, 139

スーパーヴィジョン　153

スペース（余白）　66

組織風土　3, 5, 142

た

第5種少年院　4

対話実践　4, 197

多機関連携　118

立ち直り　i

地域生活定着支援センター　i, 120

地域生活定着促進事業　2

動機づけ面接　4

トライアローグ　18, 19, 21, 64, 80

トリートメント・ミーティング　149

トロンハイム刑務所　42

な

内的会話　28, 36

名古屋刑務所事件　2

名古屋刑務所職員による暴行・不適正処遇事案に係る第三者委員会　153

ネットワーク・ミーティング　118, 149

は

話し手　31, 35, 50, 187

被害者等の心情等の聴取・伝達制度　196

フィードバック　56, 145

フィードバック・ミーティング　60

フォローアップ　154

福岡少年院　43, 57, 118, 143, 190

福祉専門官　120

ヘルステッドベスター刑務所　21

保護観察官　i

保護観察所　120

保護観察復帰プログラム「RISE」　4

保護司　i

ま

美祢社会復帰促進センター　4, 43, 143

未来語りのダイアローグ　120

ミラノ・システミック・セラピー　10

メンター制度　153

ら

リフレクティング・チーム　14, 17, 73

リフレクティング・トーク　iii, 4, 5, 17, 26, 68

リフレクティング・トライアングル　64, 65

リフレクティング・プロセス　i, iii, 5, 6, 7, 21, 26

リフレクティング・マンダラ　198

リフレクティング・ルーム　47, 188

わ

ワンウェイ・ミラー　11

DVD

（監修）

矢 原 隆 行

（出演・撮影）

井手美由紀　（福岡少年院）

砂 川 央 空　（福岡少年院）

中 村 祐 貴　（福岡少年院）

牧 園 凌 太　（熊本刑務所）

丸 山 美 弥　（福岡少年院）

森 晃 一 朗　（福岡少年院）

（五十音順）

（編集）

大 　田 　晃　（武蔵野美術大学）

イラスト

畑 中 真 弥　（福岡少年院）

※所属は 2024 年 9 月現在

執筆者紹介

矢原 隆行 （やはら・たかゆき）

1968 年宮崎県生まれ。九州大学大学院文学研究科博士後期課程単位取得退学。現在、熊本大学大学院人文社会科学研究部教授。専門は臨床社会学。著書に、『リフレクティング──会話についての会話という方法』（ナカニシヤ出版）、『リフレクティングの臨床社会学──ケアとダイアローグの思想と実践』（青土社）など。

北欧各地のリフレクティングに取り組む精神医療や矯正の現場を訪ねるとともに、国内では、美祢社会復帰促進センター、福岡少年院、筑紫少女苑、熊本刑務所などと協働して、入所者の改善更生、矯正施設の組織風土の涵養、地域の関係者・関係機関との連携促進に取り組んでいる。

矯正職員のためのリフレクティング・プロセス

2024 年 9 月 12 日　発行

著　者　　矢 原 隆 行
発行人　　東 小 薗 誠
　　　　　公益財団法人矯正協会
　　　　　東京都中野区新井 3-37-2
　　　　　03-3319-0652

ISBN　978-4-87387-025-0　　　　　　　　　C 3011

印刷所　大日本法令印刷株式会社

DVD 目次

はじめに

登場人物のプロフィール

基本型となる会話

不適切な会話の作法

支援者の心配事から始まる会話

家族が参加する会話

多様な関係者や関係機関を交えた会話

おわりに

DVD 収録の動画を
視聴できます

不許複製
頒布禁止

付属 DVD について

●視聴上の注意

本書付属 DVD は、DVD-Video 形式です。DVD-Video 規格に対応した再生機、または PC の再生ソフトでご覧ください。

●著作権について

本書の付属 DVD を、著作者の承諾なく、複製、変更、頒布、上映、放送、有線放送、賃貸業営業等を目的として使用することは法律で固く禁じられています。また、ネットワークなどを通じて、この DVD に収録された画像または音声を送信できる状態にすることを固く禁じます。